SECRET PLACES HARZ

SECRET PLACES HARZ

52 besondere Ziele abseits des Trubels

Stefan Sobotta

BRUCKMANN

INHALT

DER WESTEN 58

↑ Ein Wintermärchen: Der Harz hat sich in sein schneeweißes Gewand gehüllt.
↓ Der Harz in all seinen Facetten (von links nach rechts): Kaisereiche bei Osterwieck / Mountainbiking hoch über Goslar / Kastanienallee auf dem Weg zum Bismarckturm bei Bad Lauterberg / In der gläsernen Dampflokwerkstatt in Wernigerode erhalten die Harzer Schmalspurbahnen bei Bedarf eine Verjüngungskur / Erinnerung an die legendäre Römerschlacht am Harzhorn

DER NORDEN 96

DER SÜDEN 134

↑ Blick auf den Archäologischen Park auf dem Areal der alten Kaiserpfalz Werla
↓ Bezaubernde Motive quer durch den Harz (von links nach rechts): Die Türme von Kloster Drübeck / Land und Leute von anno dazumal zeigt das Heimatmuseum Abbenrode / Überreste der Kaiserpfalz Werla in Schladen / Wanderweg am Salzgitter-Höhenzug / Zeitgenössische Skulpturen im Schlosspark Liebenburg

Die Ausstellung KlangZeitRaum im Kloster Michaelstein zeigt die wundersame Musikmaschine des Salomon de Caus.

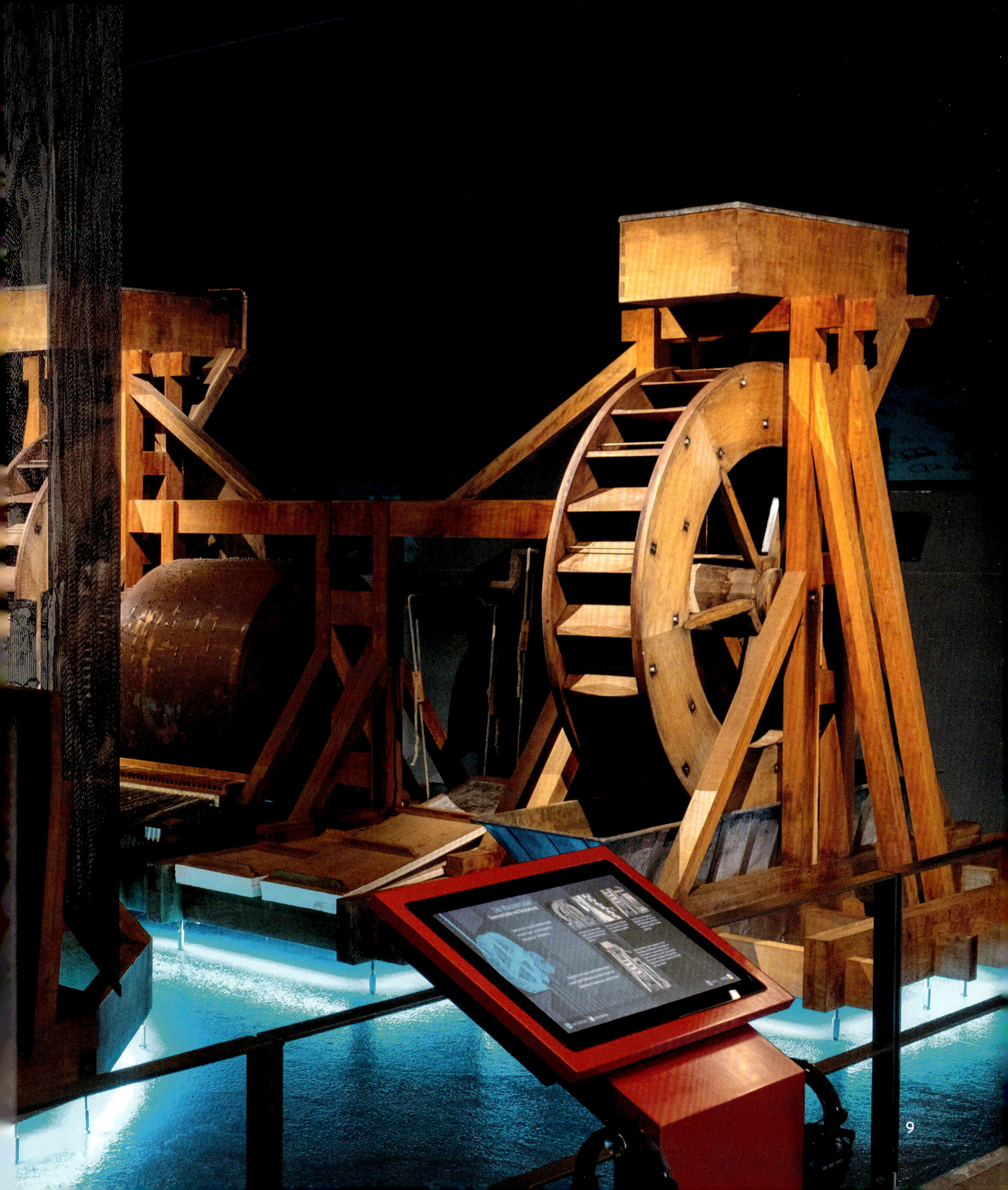

MYSTISCHES GEBIRGE IM NORDEN

Die Schönheit einer Region lässt sich schwer beziffern, das gilt auch für den Harz, der seit jeher viele Menschen in seinen Bann zieht. Einige Zahlen gibt es dennoch, und die können sich sehen lassen.

HARZ QUERBEET

Auf über **2200 Quadratkilometern** erstreckt sich der Harz von Westen nach Osten als Deutschlands nördlichstes Mittelgebirge und durchquert dabei **drei Bundesländer**. Höchster Berg ist der Brocken mit **1141 Metern**, gefolgt vom **971 Meter** hohen Wurmberg. Der Harz ist ein vielfältiges, gleichzeitig auch geheimnisvolles Mittelgebirge. Berge, Hochebenen, einsame Täler, Dörfer und kleine Städte wechseln sich ab. Geschichten und Sagen werden lebendig, Geologen werden hier begeistert fündig, Archäologen gehen der Geschichte auf den Grund.

1600 MILLIMETER REGEN

Im Luv des Harzes fällt reichlich Regen, Wasser, das in den Talsperren gesammelt wird. Von hier führen Wasserleitungen bis nach Bremen und Torgau und versorgen die Bevölkerung in weiten Teilen Nord- und Mitteldeutschlands mit wunderbar weichem Trinkwasser.

3 BUNDESLÄNDER

Sachsen-Anhalt kann den größten Teil des Harzes für sich verbuchen, dann folgt Niedersachsen. Thüringen hat sich eine kleine Ecke ganz im Süden gesichert. Der Harz ist politisch dreigeteilt. Bis zur Wende verlief die innerdeutsche Grenze quer durch das Mittelgebirge und teilte den Osten vom Westen. Heute sehen viel Initiativen den Harz als Ganzes, so wie es auch die Besucher erleben.

8000 KILOMETER

Wanderpfade umfasst das Wegenetz im Harz, darunter allein 600 Kilometer im Nationalpark Harz. Atemberaubend schön ist der rund 100 Kilometer lange Harzer Hexen-Stieg, der von Osterode über den Brocken nach Thale führt.

3 HOCHSCHULEN

Mit der Technischen Universität Clausthal, der Hochschule Harz in Wernigerode und Halberstadt sowie der Hochschule Nordhausen verfügt die Region über drei höhere Bildungseinrichtungen. Die TU Clausthal wurde 1775 gegründet und zieht auch viele internationale Studierende an.

50 000 SCHILDER

Der Harzklub betreut seit 1886 einen großen Teil der Wanderwege. Den Besuchern fallen vor allem die markanten weißen Aluminiumschilder auf, die überall im Harz den Wanderern den Weg weisen. Insgesamt führen 71 Harzklub Routen durch den Harz, 400 Bänke laden zum Ausruhen aus, 300 Fußgängerbrücken werden regelmäßig gepflegt.

290 000 000 JAHRE

ist der Granit des Brockens alt. Der Harz selbst ist 200 Millionen Jahre älter. In seiner Vielfalt ist er ein Eldorado für Geologiefans. Steil aufragend im Norden fällt er nach Süden eher flach ab.

4000 JAHRE BERGBAU

Reich ist der Harz. Nicht nur seine Naturschönheiten beeindrucken die Menschen seit Hunderten von Jahren. Unter der Erde finden sich seit Jahrtausenden Bodenschätze, die bis zum Ende des 20. Jahrhunderts ans Tageslicht gefördert wurden. Schon zur Bronzezeit gruben die Menschen nach Kupfer. Am Rammelsberg in Goslar endete die Bergbauphase 1988. Hier konnten 1000 Jahre durchgängiger Bergbau dokumentiert werden, und auch für die Zeit davor finden Archäologen immer neue Spuren.

4 NATURPARKE, 1 NATIONALPARK, 1 BIOSPHÄRENRESERVAT

Der Harz ist eines der größten zusammenhängenden Waldgebiete in ganz Deutschland. Knapp 3000 Quadratkilometer Naturparke und 247 Quadratkilometer Nationalpark bilden einen großen Schirm an Schutzgebieten. Der Nationalpark Harz ist dabei eine Besonderheit unter den deutschen Nationalparken: Als erster ländergreifender Nationalpark 2006 gegründet liegen 158 Quadratkilometer seiner Fläche in Niedersachen und 89 Quadratkilometer in Sachsen-Anhalt.

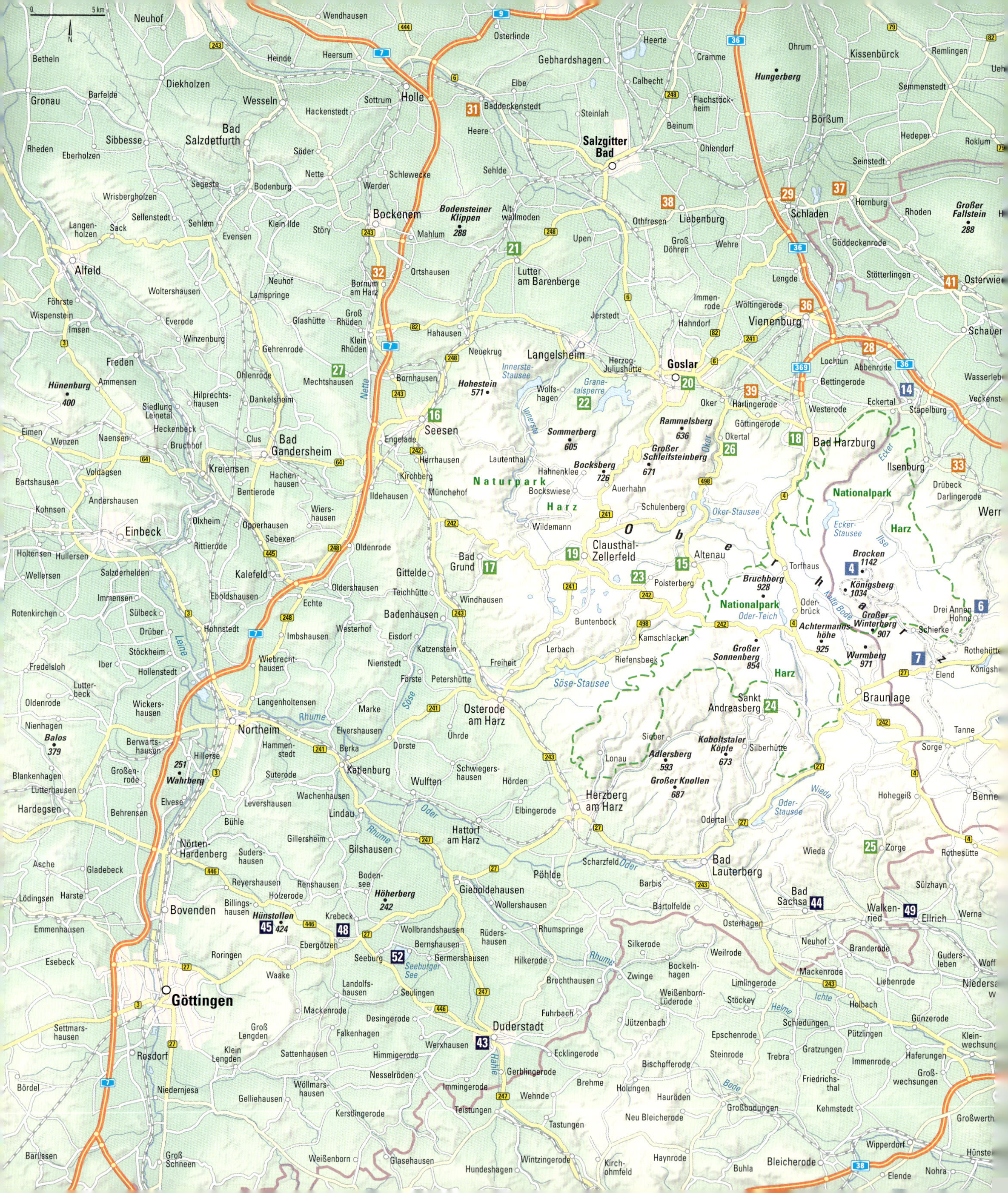

0
5 km
N
Neuhof
Wendhausen
Osterlinde
Heerte
Ohrum
Kissenbürck
Remlingen
Betheln
Heinde
Heersum
Gebhardshagen
Cramme
Hungerberg
Gronau
Barfelde
Diekholzen
Wesseln
Holle
Elbe
Calbecht
Flachstöckheim
Semmenstedt
Hackenstedt
Sottrum
Baddeckenstedt
Steinlah
Börßum
Sibbesse
Bad Salzdetfurth
Heere
Salzgitter Bad
Beinum
Hedeper
Rheden
Eberholzen
Söder
Ohlendorf
Roklum
Nette
Schlewecke
Sehlde
Seinstedt
Wrisbergholzen
Segeste
Bodenburg
Werder
Schladen
Hornburg
Rhoden
Großer Fallstein
288
Sellenstedt
Bockenem
Bodensteiner Klippen
288
Alt-wallmoden
Othfresen
Liebenburg
Langenholzen
Sack
Sehlem
Klein Ilde
Störy
Mahlum
Upen
Groß Döhren
Wehre
Göddeckenrode
Evensen
Alfeld
Neuhof
Bornum am Harz
Ortshausen
Lutter am Barenberge
Stötterlingen
Osterwieck
Woltershausen
Lamspringe
Lengde
Föhrste
Wispenstein
Imsen
Everode
Glashütte
Groß Rhüden
Immenrode
Jerstedt
Wöltingerode
Vienenburg
Schauen
Winzenburg
Hahausen
Hahndorf
Klein Rhüden
Gehrenrode
Neuekrug
Langelsheim
Herzog-Juliushütte
Goslar
Lochtum
Abbenrode
Freden
Ohlenrode
Mechtshausen
Nette
Bornhausen
Innerste-Stausee
Hohestein
571
Wolfshagen
Granetalsperre
Bettingerode
Wasserleben
Hünenburg
400
Ammensen
Hilprechtshausen
Dankelsheim
Siedlung Leinetal
Westerode
Eckertal
Stapelburg
Veckenstedt
Seesen
Sommerberg
605
Oker
Harlingerode
Göttingerode
Rammelsberg
636
Eimen
Heckenbeck
Clus
Bad Gandersheim
Engelade
Innerste
Okertal
Bad Harzburg
Wenzen
Naensen
Bruchhof
Herrhausen
Lautenthal
Großer Schleifsteinberg
671
Ecker
Ilsenburg
Kreiensen
Kirchberg
Hahnenklee
Bocksberg
726
Bartshausen
Voldagsen
Hachenhausen
Naturpark
Bockswiese
Auerhahn
Nationalpark
Drübeck
Darlingerode
Andershausen
Bentierode
Ildehausen
Münchehof
Harz
Schulenberg
Oker-Stausee
Ecker-Stausee
Ilse
Werr
Kohnsen
Wiershausen
Wildemann
Einbeck
Olxheim
Opperhausen
Sebexen
Oldenrode
Clausthal-Zellerfeld
Altenau
Torfhaus
Brocken
1142
Holtensen
Hullersen
Rittierode
Bad Grund
Oberharz
Wellersen
Salzderhelden
Kalefeld
Gittelde
Bruchberg
928
Königsberg
1034
Drei Annen Hohne
Immensen
Eboldshausen
Oldershausen
Teichhütte
Polsterberg
Oderbrück
Kalte Bode
Rotenkirchen
Sülbeck
Echte
Windhausen
Buntenbock
Oder-Teich
Großer Winterberg
907
Schierke
Drüber
Hohnstedt
Westerhof
Badenhausen
Achtermannshöhe
925
Stöckheim
Imbshausen
Eisdorf
Katzenstein
Kamschlacken
Leine
Wiebrechtshausen
Lerbach
Großer Sonnenberg
854
Wurmberg
971
Rothehütte
Iber
Hollenstedt
Nienstedt
Freiheit
Riefensbeek
Elend
Königshütte
Fredelsloh
Lutterbeck
Förste
Petershütte
Söse
Söse-Stausee
Oldenrode
Wickershausen
Langenholtensen
Marke
Osterode am Harz
Sankt Andreasberg
Braunlage
Nienhagen
Northeim
Rhume
Elvershausen
Balos
379
Berwartshausen
Hillerse
Hammenstedt
Berka
Dorste
Uhrde
Sieber
Koboltstaler Köpfe
673
Silberhütte
Sorge
Tanne
Blankenhagen
251
Wahrberg
Großenrode
Katlenburg
Schwiegershausen
Lonau
Adlersberg
593
Lutterhausen
Suterode
Wulften
Hörden
Großer Knollen
687
Benne
Hardegsen
Behrensen
Elvese
Leversausen
Wachenhausen
Lindau
Herzberg am Harz
Hohegeiß
Wieda
Oder-Stausee
Bühle
Oder
Elbingerode
Gillersheim
Bilshausen
Hattorf am Harz
Odertal
Zorge
Rothesütte
Asche
Nörten-Hardenberg
Sudershausen
Wieda
Gladebeck
Scharzfeld
Pöhlde
Bad Lauterberg
Reyershausen
Renshausen
Bodensee
Höherberg
242
Gieboldehausen
Barbis
Sülzhayn
Lödingsen
Harste
Holzerode
Wollershausen
Bad Sachsa
Walkenried
Ellrich
Billingshausen
Hünstollen
424
Krebeck
Bovenden
Bartolfelde
Werna
Emmenhausen
Wollbrandshausen
Osterhagen
Ebergötzen
Rüdershausen
Rhumspringe
Roringen
Bernshausen
Neuhof
Branderode
Esebeck
Germershausen
Silkerode
Weilrode
Gudersleben
Seeburg
Seeburger See
Hilkerode
Woff
Bockelnhagen
Mackenrode
Waake
Landolfshausen
Zwinge
Rhume
Liebenrode
Niedersa
Brochthausen
Göttingen
Seulingen
Weißenborn-Lüderode
Limlingerode
Mackenrode
Stöckey
Ichte
Holbach
Settmarshausen
Desingerode
Fuhrbach
Helme
Groß Lengden
Falkenhagen
Duderstadt
Jützenbach
Schiedungen
Günzerode
Epschenrode
Pützlingen
Kleinwechsung
Klein Lengden
Werxhausen
Rosdorf
Sattenhausen
Himmigerode
Ecklingerode
Steinrode
Trebra
Gratzungen
Haferungen
Bischofferode
Immenrode
Groß-wechsungen
Hahle
Gerblingerode
Nesselröden
Brehme
Bördel
Wöllmarshausen
Friedrichsthal
Bode
Niedernjesa
Gelliehausen
Immingerode
Wehnde
Holungen
Hauröden
Großbodungen
Kehmstedt
Kerstlingerode
Teistungen
Neu Bleicherode
Großwerth
Tastungen
Wipperdorf
Barlissen
Groß Schneen
Weißenborn
Glasehausen
Wintzingerode
Kirchohmfeld
Haynrode
Buhla
Bleicherode
Hünste
Hundeshagen
Elende
Nohra

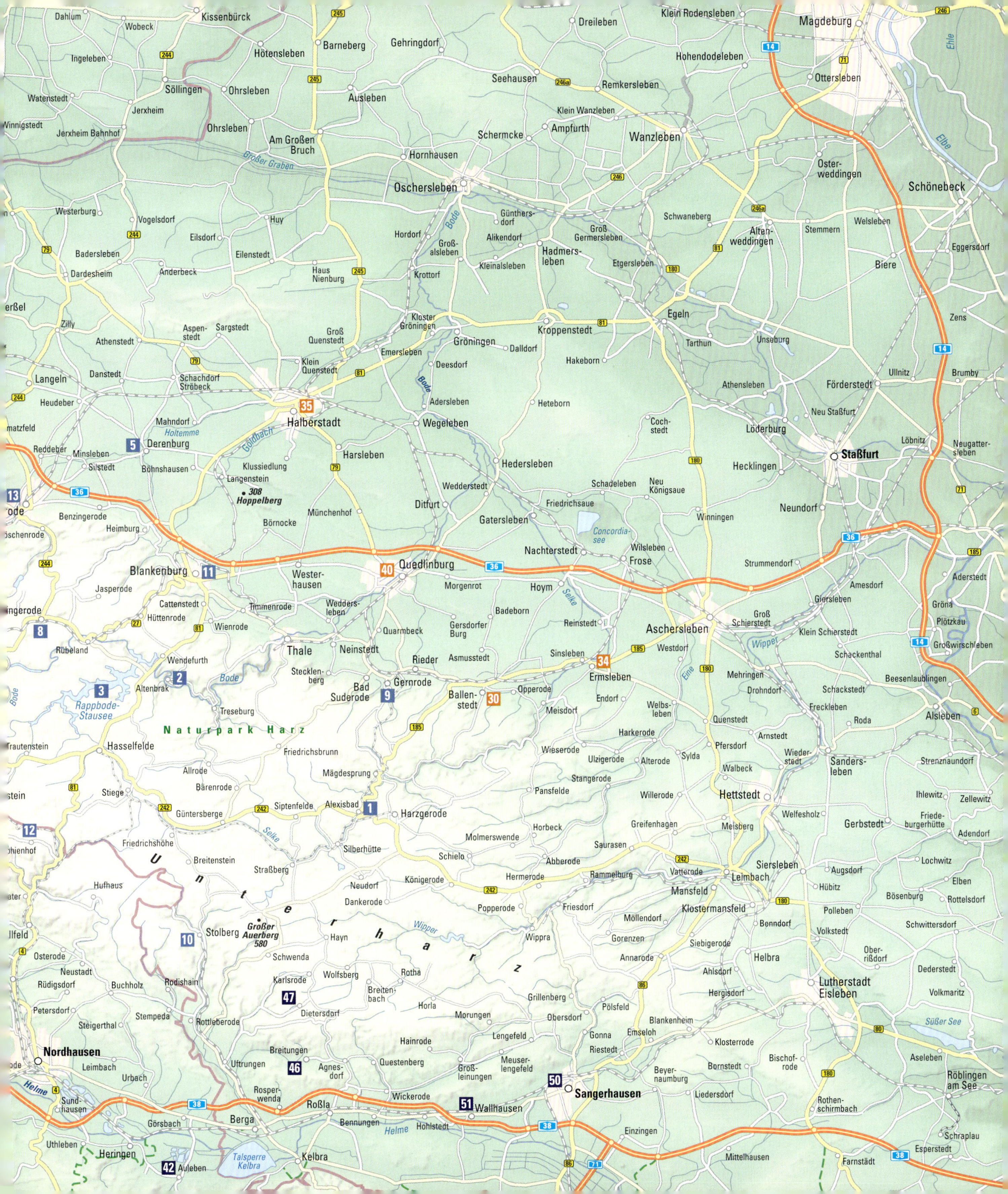
Dahlum
Wobeck
Kissenbürck
Hötensleben
Barneberg
Gehringdorf
Dreileben
Klein Rodensleben
Magdeburg
Ingeleben
Söllingen
Ohrsleben
Ausleben
Seehausen
Remkersleben
Hohendodeleben
Ottersleben
Elbe
Ehle
Watenstedt
Jerxheim
Winnigstedt
Jerxheim Bahnhof
Am Großen Bruch
Hornhausen
Schermcke
Ampfurth
Klein Wanzleben
Wanzleben
Großer Graben
Oschersleben
Oster-weddingen
Schönebeck
Westerburg
Vogelsdorf
Huy
Eilsdorf
Hordorf
Groß-alsleben
Günthers-dorf
Alikendorf
Groß Germersleben
Schwaneberg
Alten-weddingen
Stemmern
Welsleben
Eggersdorf
Badersleben
Dardesheim
Anderbeck
Eilenstedt
Haus Nienburg
Krottorf
Kleinalsleben
Hadmers-leben
Etgersleben
Biere
Zens
Eggenstedt
Zilly
Athenstedt
Aspen-stedt
Sargstedt
Groß Quenstedt
Kloster Gröningen
Gröningen
Kroppenstedt
Egeln
Tarthun
Unseburg
Dalldorf
Hakeborn
Langeln
Danstedt
Schachdorf Ströbeck
Klein Quenstedt
Emersleben
Deesdorf
Bode
Ulnitz
Brumby
Heudeber
Adersleben
Heteborn
Athensleben
Förderstedt
Mahndorf
Halberstadt
Wegeleben
Coch-stedt
Neu Staßfurt
Holtemme
Goldbach
Löderburg
Löbnitz
Reddeber
Minsleben
Derenburg
Harsleben
Staßfurt
Neugatter-sleben
Silstedt
Böhnshausen
Klussiedlung
Hedersleben
Hecklingen
Langenstein
Schadeleben
Neu Königsaue
308 Hoppelberg
Wedderstedt
Friedrichsaue
Neundorf
Benzingerode
Ditfurt
Winningen
Heimburg
Börnecke
Münchenhof
Gatersleben
Concordia-see
Blankenburg
Wester-hausen
Quedlinburg
Nachterstedt
Wilsleben
Frose
Strummendorf
Aderstedt
Jasperode
Morgenrot
Hoym
Amesdorf
Cattenstedt
Timmenrode
Wedders-leben
Seike
Gröna
Hüttenrode
Badeborn
Giersleben
Plötzkau
Wienrode
Quarmbeck
Gersdorfer Burg
Reinstedt
Aschersleben
Groß Schierstedt
Klein Schierstedt
Rübeland
Thale
Neinstedt
Westdorf
Schackenthal
Großwirschleben
Wendefurth
Rieder
Asmusstedt
Sinsleben
Wipper
Stecklen-berg
Bad Suderode
Gernrode
Ermsleben
Mehringen
Beesenlaublingen
Bode
Altenbrak
Ballen-stedt
Opperode
Drohndorf
Schackstedt
Rappbode-Stausee
Endorf
Eine
Freckleben
Alsleben
Treseburg
Meisdorf
Welbs-leben
Roda
Naturpark Harz
Quenstedt
Arnstedt
Trautenstein
Hasselfelde
Friedrichsbrunn
Harkerode
Pfersdorf
Wieder-stedt
Sanders-leben
Strenznaundorf
Allrode
Wieserode
Ulzigerode
Alterode
Sylda
Magdesprung
Walbeck
Stangerode
Stiege
Bärenrode
Pansfelde
Willerode
Hettstedt
Ihlewitz
Zellewitz
Güntersberge
Siptenfelde
Alexisbad
Harzgerode
Welfesholz
Friede-burgerhütte
Greifenhagen
Gerbstedt
Adendorf
Friedrichshöhe
Horbeck
Meisberg
Molmerswende
Silberhütte
Saurasen
Lochwitz
Schielo
Siersleben
Augsdorf
Breitenstein
Abberode
Elben
Straßberg
Hermerode
Rammelburg
Vatterode
Leimbach
Königerode
Mansfeld
Hübitz
Hufhaus
Neudorf
Bösenburg
Rottelsdorf
Dankerode
Popperode
Friesdorf
Klostermansfeld
Polleben
Möllendorf
Benndorf
Großer Auerberg 580
Stolberg
Hayn
Wipper
Wippra
Schwittersdorf
Gorenzen
Volkstedt
Siebigerode
Osterode
Schwenda
Annarode
Helbra
Ober-rißdorf
Neustadt
Unterharz
Rotha
Dederstedt
Karlsrode
Wolfsberg
Ahlsdorf
Rüdigsdorf
Buchholz
Rodishain
Breiten-bach
Lutherstadt Eisleben
Hergisdorf
Volkmaritz
Grillenberg
Petersdorf
Dietersdorf
Horla
Pölsfeld
Stempeda
Blankenheim
Süßer See
Steigerthal
Rottleberode
Morungen
Obersdorf
Gonna
Emseloh
Lengefeld
Klosterrode
Hainrode
Riestedt
Breitungen
Bischof-rode
Aseleben
Nordhausen
Questenberg
Meuser-lengefeld
Beyer-naumburg
Bornstedt
Uftrungen
Agnes-dorf
Groß-leinungen
Leimbach
Röblingen am See
Urbach
Sangerhausen
Liedersdorf
Rosper-wenda
Helme
Wickerode
Roßla
Wallhausen
Rothen-schirmbach
Sund-hausen
Berga
Bennungen
Hohlstedt
Helme
Einzingen
Görsbach
Schraplau
Esperstedt
Uthleben
Heringen
Talsperre Kelbra
Kelbra
Mittelhausen
Farnstädt
Auleben

VORWORT

ABSEITS AUSGETRETENER PFADE

Der Harz ist das nördlichste deutsche Mittelgebirge. Auch außerhalb der klassischen Ferienzeiten tummeln sich hier mittlerweile die Gäste in großer Zahl. Dabei lockt nicht nur der Blick vom Brocken oder das Selfie am Instagram-Hotspot Oderteich.

Überall finden sich jedoch immer noch Stellen, an denen man fast allein ist oder neue Einblicke von bekannten Plätzen gewinnen kann. Spannende Ort liegen vor, hinter und in den Bergen und warten darauf entdeckt zu werden.

Früher musste man in den Harz. Mit der Schule oder dem Verein. Manche wurden beim Wandern von den Eltern die Wege hinauf und hinuntergescheucht. Selbst erwachsen geworden, entdecken viele Städter heute den Harz als neuen hippen Urlaubsort. Entschleunigung, Natur erleben, wundervolle Orte bei Instagram posten. Das machen viele. An etlichen Stellen bereits viel zu viele für manchen Geschmack.

Klar, es gibt sie, die Hotspots. Auf dem Brockengipfel drängen sich die Wanderer für das Sonnenaufgangsfoto selbst im Winter bei Sturm und arktischer Kälte mitten in der Nacht. Doch wer schaut schon hinter die Kuppel auf dem Brockenhaus? An den Felsen des Hamburger Wappens stehen die Instagrammer mit großer Ausrüstung parat, wenn die Sonne um den Sandstein kommt. Auf dem Marktplatz von Goslar lauschen die Touristen den Klängen des Glockenspiels, und in Wernigerode herrscht an den Wochenenden Gedränge auf dem Weihnachtsmarkt vor dem bunten Rathaus. Diese und viele Orte mehr finden sich in den altbekannten Reiseführern. Sie sind wunderschön und einen Besuch wert. Viele vergessen dabei aber, wie groß der Harz ist. Weitläufig erstreckt er sich über drei Bundesländer: Niedersachsen im Westen, Sachsen-Anhalt im Osten und Thüringen im Süden. Früher wurden die Menschen durch die innerdeutschen Grenzen geteilt. Das war nicht nur eine politische Teilung. Heute kann man glücklicherweise überall hin. Ob mit dem Auto, dem Mountainbike oder per pedes. Der Harz ist eine offene deutsche Landschaft.

Reisen durch Zeit und Raum

Dieses Buch ist eine Einladung, den ganzen Harz zu erleben. Hinter die Fichten zu schauen, Theater im Wald zu erleben und in die Tiefe abzutauchen. Ich lade Sie ein auf eine Reise in die Natur abseits ausgetretener Pfade, aber auch in eine der vielfältigsten deutschen Kulturlandschaften. Lauschen Sie! Hier schlug einst im Mittelalter das Herz Europas. Kaiser, Könige und Bischöfe liebten den Harz, und Kaiser Heinrich III. ließ sein Herz in der Kaiserpfalz in Goslar bestatten. Soweit müssen Sie allerdings nicht gehen nach unserer Reise durch einzigartige Landschaften. Wir fahren durch von alten Bäumen gesäumte Alleen. Fliegen durch die Zeit von den Gräbern der Urmenschen, Plätzen heidnischer Kulte, bis in die Welt moderner Industriegeschichte. Wo Licht ist, ist auch Schatten, selbst im Harz. Dunkelste Orte deutscher Geschichte werden nicht ausgespart. Der Harz ist ein historischer Ort. Einst schlug hier das Herz des deutschen Bergbaus. Erfindungen wie das Drahtseil und die Schiene machten findige Oberharzer Bergleute und trugen sie in die Welt hinaus. Kreative finden Plätze, an denen man selbst aktiv werden kann. Christbaumkugel gefällig? Dann bitte selbst blasen unter fachkundiger Anleitung. Erleben, wie eine Dampflok gewartet wird? Auch das geht. Entdecken Sie eines der deutschesten Mittelgebirge neu.

Stefan Sobotta

← Herbst im wildromantischen Okertal bei Goslar: Die Natur lässt ihre Farben explodieren.
↑ Wassermühle Otto: eine der letzten ihrer Art in Abbenrode (Gemeinde Nordharz)
↗ Winterwunderland im Harz

Künstliche Naturschönheiten. Die Selkefälle entstanden um 1830, als ein Speicherteich für eine nahe Eisenhütte gebaut wurde.

DER OSTEN

Versteckte Kleinode im Wald, hohe Ingenieurskunst, Bergbautradition, Klöster, viel Fachwerk und mittendrin im Nationalpark: der Brocken

1

ALEXISBAD

WILDROMANTISCHE ZEITREISE

Nach Sophienbad, einem Kleinod versteckt in den Wäldern des Ostharzes, geht die Ferienreise in Walter Kempowskis Roman »Tadellöser & Wolff«. Die Familie wohnte im »Offiziersheim« – einem der auch heute noch erhaltenen historischen Gebäude. Man fuhr in den Harz!

Sophienbad heißt eigentlich Alexisbad und ist auch heute noch ein Kleinod. So wie die Kempowskis in den Dreißigerjahren des 20. Jahrhunderts kann man noch heute mit der Dampflok anreisen. Wenn man mag. Bereits 983 wird an diesem Ort ein Benediktinerkloster mit Namen Hagenrode erwähnt. Schon neun Jahre später bekam der Ort Markt-, Münz- und Zollrecht von König Otto III. verliehen. Nach kurzer Blüte verfiel

Sophienbad jedoch wieder in einen Dornröschenschlaf. 1870 wurde mit den Steinen des alten Klosters das Hotel Klostermühle gebaut. Heute bezaubert Alexisbad durch eine wundervolle Bäderarchitektur. Urlaub war hier nicht nur bei Kempowskis schick. Nach dem Zweiten Weltkrieg richtete die Deutsche Reichsbahn in einem der historischen Gebäude ein Erholungsheim ein. Das Ministerium für Staatssicherheit hatte sein Erholungsheim gegenüber vom Bahnhof, und auch das Ministerium des Inneren und die Volkspolizei betrieben Ferienheime.

Aufstieg zum Kurbad

Alexisbad war in frühen Jahren ein Bergbauort. Aus dem Katharinenstollen und benachbarten Bergwerksanlagen wurden Schwefel, Silber, Blei und Zink zutage gefördert. Ein richtiger unterirdischer Schatz wurde jedoch erst 1766 durch den Leibarzt des Herzogs Friedrich Albrecht von Anhalt-Bernburg entdeckt. Aus dem lange aufgegebenen Davidstollen flossen braune Wasser. Wie sich aus einer Analyse des Arztes ergab, waren es Bittersalze, Eisen und kalkreiche Stoffe. Von nun an begann der Aufstieg des Ortes als Kurbad. Wie sich später herausstellen sollte, war das Wasser auch reich an Jod und Fluor. Diverse Bade- und Kurhäuser entstanden. Selbst eine Spielbank nahm im 19. Jahrhundert ihren Betrieb auf. Der renommierte Baumeister Karl Friedrich Schinkel übernahm die Planungen. Prominente wie der Komponist Carl Maria von Weber reisten zur Kur in den Harz. Wer etwas auf sich hielt, traf sich in Alexisbad. Unter anderem wurde hier 1856 der Verein Deutscher Ingenieure VDI gegründet.

Der Glanz alter Zeiten

Ein großer Teil der erhaltenen Gebäude steht heute unter Denkmalschutz. Vom Bahnhof bis zum Fachwerkbau des als Ausflugslokal gebauten Café Elysium reihen sich zahlreiche beeindruckende Baudenkmale aneinander und vermitteln einen Eindruck vom Glanz alter Zeiten. Seit 1887 verkehrt hier die Selketalbahn. Wer sein Auto stehen lassen möchte, findet so eine urige Möglichkeit, die Natur entspannt zu bereisen und an verschiedenen Haltepunkten zum Wandern auszusteigen und die urwüchsige Landschaft des Selketals hautnah zu erleben. Zeitweise gibt es aus dem Bahnhof sogar eine Doppelausfahrt von Dampfloks. Ein beeindruckendes Ereignis, das bei Eisenbahnfans und Fotofreunden gleichermaßen beliebt ist.

← Ein Highlight ist die Doppelausfahrt der Dampfloks vom Bahnhof in Alexisbad.
↓ Einen Hauch von Thomas Manns *Zauberberg* versprühen die historischen Bauten im Kurort wie das ehemalige Erholungsheim der Deutschen Reichsbahn.

TIPP

KÖTHENER HÜTTE

Vom Talgrund des Selketals lohnt sich der Aufstieg zur Köthener Hütte. Der kapellenartige Bau thront auf dem Klippenberg über der Landschaft, von hier schweift der Blick weit über die Wälder. Stempeljäger finden hier den Stempel Nummer 195 der »Harzer Wandernadel«. Bereits 1897 errichtete der Harzklub-Zweigverein Köthen den romantischen Schutzbau an dieser exponierten Stelle. Steil geht es vom Bahnhaltepunkt Drahtzug hinauf. Wer mag, kann die kleine Glocke läuten, um seine Ankunft zu verkünden. Wieder im Tal, sollte der 85 Höhenmeter unterhalb gelegene Selkefall mit einem Abstecher bedacht werden. Das beeindruckende Schauspiel entstand im Jahr 1830 im Zuge von Bauarbeiten für einen Speicherteich der Eisenhütte Mägdesprung. Besonders im Herbst bietet sich dem Besucher ein romantisches Bild, wenn das Wasser unter dem Laub der alten Bäume talwärts strömt.

2

ALTENBRAK

KULTUR IM WALD

Im Bodetal am Harzer Hexen-Stieg liegt der kleine Luftkurort Altenbrak. Der Ort hat zwar nur knapp über 300 Einwohner, hält aber eine Waldbühne mit 900 Sitzplätzen bereit, auf der jedes Jahr Theateraufführungen, Konzerte und andere Events stattfinden.

Unbedingt erwähnenswert ist, dass es kein alltäglicher Einsatz war, der zur Entstehung dieser idyllischen Freilichtbühne geführt hat. Denn die Bühne wurde im Jahr 1950 in 6500 Stunden freiwilliger und unentgeltlicher Arbeit von den Bürgern Altenbraks errichtet, darunter Frauen und Männer, ortsansässige Handwerker, selbst Kinder, Jugendliche und Senioren halfen tatkräftig mit. Neben populären Theateraufführungen wird heute hier an jedem ersten Septembersonntag der »Harzer Jodlerwettstreit« ausgetragen, der mit bis zu 15 000 Gästen alle Besucherrekorde sprengt. Von Juni bis September begeistern regionale Theaterensembles die Zuschauer mit ihren Aufführungen bei den

Sommerfestspielen. Darüber hinaus dient die Bühne als Plattform für Konzert- und Kinoabende.

Amphitheater mit Weitblick

Eröffnet wurde die Spielstätte am 30. Juni 1951 mit der Operette *Der Vetter aus Dingsda* aus der Feder des Komponisten Eduard Künneke. Im Stil eines antiken Amphitheaters erbaut, schmiegen sich die Zuschauerränge an einen Berghang am Ostrand von Altenbrak. Der Blick reicht über die Bühne weit hinaus in die wunderschöne Landschaft, die einen einzigartigen Hintergrund abgibt. Allein die traumhafte Lage ist ein guter Grund für den Besuch der Waldbühne. Verschiedene Ensembles wie das Nordharzer Städtebundtheater, das Theater Fairytale, das Theater der Tiefe und andere wechseln sich bei den Vorstellungen vor der Naturkulisse des Bodetals ab. Wanderer erreichen diesen Kulturort über den reizvollen Bodetal-Wanderweg. Für Autofahrer stehen genügend Parkplätze zur Verfügung. In den mittlerweile mehr als 70 Jahren ihres Bestehens wurde an der Waldbühne natürlich mancherlei renoviert, verschönert oder modernisiert. Und weil Altenbraks Einwohner sich ihrer Waldbühne seit der Gründung verpflichtet fühlen, halfen sie – und ihre Nachbarn aus Treseburg – abermals mit: beim Anlegen von Wegen, beim Bau von Garderoben, Toilettenanlagen, Geländern, technischen Einrichtungen oder bei der Erneuerung von Sitzgelegenheiten.

Wunderwerk der Technik

Tiefgründig, aber ganz ohne Kultur geht es anderswo bei Altenbrak zu. Die in den 1960er-Jahren errichtete Wendefurth-Talsperre ist eine der Hauptsperren des Ostharzer Talsperrenverbundes. Zusammen mit der Rappbodetalsperre, der Talsperre Königshütte, einigen Vorsperren und der Mandelholztalsperre ist sie Teil der Multifunktionsanlage Bodewerk – eine der bedeutendsten Wasserbauanlagen in Deutschland. Sie dient dem Hochwasserschutz, der Niedrigwasseraufhöhung, Stromerzeugung, Naherholung sowie als Unterbecken für ein Pumpspeicherkraftwerk. Eine Besonderheit ist die Abdichtung der Staumauer. Wasserseitig sind untereinander verbundene Kupferbleche als Dichtung im Beton eingelegt. Die Fugen wurden mit Teer und Hanf verschlossen. Pendel an der Mauer machen Verformungen messbar. 115 000 Kubikmeter Beton halten das Wasser zurück. Baden, Tauchen und privater Wassersport sind auf den Talsperren nicht erlaubt. Das Innere der Staumauer ist jedoch für Besucher im Rahmen von Führungen zugänglich.

TIPP

FLOSSFAHRT AUF DER TALSPERRE WENDEFURTH

Auf der Talsperre Wendefurth kann man eine einzigartige Floßfahrt erleben. Dort bietet die schwimmende Gaststätte Touren über den See an. Bei der anderthalbstündigen Fahrt über den 4,5 Kilometer langen Stausee erlebt man die Harzer Natur mit Bergen und Wasser hautnah. Dabei erfahren die Besucher viel Wissenswertes über dieses besondere Fleckchen Erde. Man kann aber auch selbst das Ruder in die Hand nehmen und sich beim Bootsverleih einen schwimmenden Untersatz ausleihen. Vom Tretboot bis zum Drachenboot für neun Personen steht eine große Auswahl für jeden Geschmack zur Verfügung.

WEITERE INFORMATIONEN

Führungen Talsperre Wendefurth
Am Stausee
06502 Thale OT Wendefurth
E-Mail: dorn@talsperren-lsa.de
1. Juni–31. Okt. Mi 14 Uhr

Schwimmende Gaststätte und Bootsverleih
www.erlebnis-talsperre-harz.de
Tgl. 10–18 Uhr

← Von den Rängen der Waldbühne Altenbrak geht der Blick über die Bühne ins Bodetal.
↑ Die Betonmauer der Talsperre Wendefurth kann im Rahmen von Besichtigungen auch von innen erlebt werden.

TITAN
458

3

BODETALSPERRE

WASSER UND FEUER

In einer an Superlativen ohnehin nicht armen Region wie dem Harz nimmt die Rappbodetalsperre einen Spitzenplatz ein. Ihre Staumauer ist mit 106 Metern die höchste in Deutschland, und ebenso ist sie die größte Trinkwassertalsperre hierzulande.

Heute gilt die Rappbodetalsperre als Historisches Wahrzeichen der Ingenieursbaukunst in Deutschland. Mit 113 Millionen Kubikmetern Fassungsvermögen liegt sie deutlich vor der zweitplatzierten Dhünntalsperre im Bergischen Land, die 81 Millionen Kubikmeter Wasser speichern kann.

Von der Idee zur Ausführung

Die Planungen zum Bau einer Staumauer im Tal der Bode begannen bereits Ende des 19. Jahrhunderts. 150 Meter hoch sollte oberhalb der Stadt Thale das Bodetal abgeschlossen werden. Die Orte Treseburg und Altenbrak wären dadurch ebenso wie das wildromantische Bodetal tief im Wasser versunken. 150 Millionen Kubikmeter Wasser sollten hinter der gewaltigen Bogenmauer angestaut werden. Eine Idee, die glücklicherweise verworfen wurde. Nach diversen unterschiedlichen Planungen entschied man sich 1939 schließlich für den Bau einer Trinkwassertalsperre in der noch heute sichtbaren Form. Vorgesehen war, die Anlage als Trinkwasserspeicher, zum Hochwasserschutz und für die Energiegewinnung zu nutzen. Im Herbst war die Einrichtung der Baustelle nahezu abgeschlossen. Großgeräte, die bei anderen Projekten frei geworden waren, konnten herangeschafft werden. Bereits 1940 wurde ein als späterer Grundablass vorgesehener Umleitungsstollen für die Bode gebaut. 1942 endete diese erste Bauphase, in der infolge des Kriegsgeschehens auch Zwangsarbeiter schuften mussten. Etliches Großgerät wie Kräne, eine Seilbahn für den Zementtransport und Betonier-Einrichtungen überdauerten die Zeit bis nach Kriegsende.

← Eine der längsten Seilhängebrücken weltweit: Mit 458,5 Metern Gesamtlänge überspannt die »Titan-RT« das Rappbodetal.

Prestigeprojekt der DDR

Nach dem Zweiten Weltkrieg wurde das Projekt Rappbodetalsperre ein zentraler Baustein der Wasserversorgung in der damaligen sowjetischen Besatzungszone. 1952 nahm man die Bauarbeiten wieder auf. Dabei wurden die alten Einrichtungen genutzt, die einen damaligen Wert von rund 3,2 Millionen D-Mark hatten. 570 Tonnen Zement stabilisierten die Spalten und Risse im Untergrund. Im Dreischichtsystem trieb man das Prestigeprojekt mit großen Schritten voran. 1959, pünktlich zum 10. Jahrestag der DDR, war das Bauwerk mit der beeindruckenden Breite der Talsohlensperre von 78 Metern fertiggestellt. Das Gesamtprojekt beschäftigte 1200 Menschen, galt also in der jungen DDR auch als eine erfolgreiche Arbeitsbeschaffungsmaßnahme in einer ansonsten eher strukturschwachen Region. Da ein derart großes Talsperren-Bauwerk auch Einfluss auf die umliegende Infrastruktur nimmt, musste zusätzlich ein Tunnel gebaut werden, der die überflutete Straße von Hasselfelde nach Rübeland ersetzte. Diese 220 Meter lange Röhre erfreut sich heutzutage bei Tuningfreaks einer Beliebtheit, die nicht jeder teilt, wenn diese lautstark durch die »Soundröhre« donnern. Die Einweihung am 3. Oktober 1959 war eine Propagandaveranstaltung. Das Ereignis wurde genutzt, um den Sieg des Sozialismus zu feiern gemäß dem Motto »Sozialismus heißt der Baumeister einer der größten Talsperren Europas«. Ein Volkschor sang, das Orchester der Nationalen Streitkräfte spielte.

Man könnte sagen, dass es heute an, auf und im Luftraum vor der Staumauer eher kapitalistisch zugeht. So wandelt sich die Zeit. Was negativ klingen könnte, hat die Region touristisch jedoch weitergebracht. Von einem kleinen Turm rauschen Besucher aus 120 Metern Höhe an einem Drahtseil einen Kilometer weit in die Tiefe. Diese Mega-Zipline ist damit eine der längsten weltweit. Einen weiteren Superlativ haben die Betreiber mit der Errichtung einer der längsten Hängebrücken Europas auf der Luftseite der Staumauer geschaffen. Seit 2017 kann man hier das Tal auf der leicht schwankenden Konstruktion überqueren. Die frei hängende Brücke bringt 947 Tonnen Zugkraft auf das Schiefergestein an ihren Enden. Unter der Brücke kann man Europas größten Pendelschwung mit einem 75 Meter freien Fall wagen. Wer dann noch nicht genug Tiefblick hatte oder immer noch einen Adrenalinkick braucht, kann sich beim Wallrunning mit dem Gesicht nach unten an der Mauer abseilen lassen. Überblick verschafft seit Kurzem ein Aussichtsturm, der die Staumauer um 39 Meter überragt.

Der wissenschaftliche Verein »Harzer Urania Wernigerode« informiert mit einer Aussichtsplattform an der Westseite über die Talsperren des Bodesystems. Auf Schautafeln finden Besucher Informationen zur Hydrologie des Harzes, zur Geschichte des Talsperrenbaus und zur Stromerzeugung durch Wasserkraft.

Die letzten Köhler

Nicht weit entfernt in Richtung Hasselfelde liegt die Harzköhlerei Stemberghaus. Als eine der letzten Köhlereien im Harz werden hier noch große Mengen Holzkohle erzeugt. 50 Tonnen des schwarzen Produktes entstehen jedes Jahr unweit der Talsperre in mühevoller Handarbeit. Ein Museum erinnert an alte Zeiten, in denen vielerorts in den Wäldern die Meiler rauchten und die Köhler ihrer schweren Arbeit nachgingen. Eine Arbeit, die in deutlichem Kontrast zur modernen Talsperre und ihrer Energieerzeugung steht. Von April bis Oktober rauchen die Meiler, und man kann den Köhlern bei ihrer Arbeit zusehen. Holzkohle war früher für die Harzer Bergwerke ein wichtiger Energieträger. Ohne sie wäre eine Verhüttung nicht möglich gewesen. Mit ihrer Hilfe konnten die zum Schmelzen der Metalle notwendigen hohen Temperaturen erzeugt werden.

↖ Aussichtsturm, Flying Fox und Hängebrücke machen die Talsperre zu einem Mekka für Adrenalinjunkies.
↗ Imposant spannt sich die höchste Staumauer Deutschlands durch das Tal.
↑ Als großer See erstreckt sich die Rappbodetalsperre heute in die Täler oberhalb der Staumauer.

TIPP

ABSTECHER ZUR TRAGEBURG

Ruhiger als an der Hauptsperre geht es an der Vorsperre der Rappbodetalsperre zu. Hier kann man auf einer Wanderung entlang dem Harzer-Hexen-Stieg einen Abstecher zur Trageburg machen. Von den dortigen Klippen bietet sich ein schöner Blick über den künstlichen See. Vom kleinen Ort Trautenstein führt die Route einmal rund um die Vorsperre. Auf knapp neun Kilometern Länge wird der Wanderer nur von wenigen leichten An- und Abstiegen gefordert. Die Trageburg selbst ist nicht mehr zu entdecken. Urkundlich kaum erwähnt, schützte sie den im jetzt überfluteten Tal liegenden Trogweg und bot Reisenden Sicherheit und Schutz. Dieser Weg war der mittlere von drei Hauptstraßen, die das nördliche Harzvorland mit Thüringen verband. Sonntagskinder sollen übrigens sehen können, wie sich die verstreuten Steine wieder zu einer Burg formen. Alle anderen müssen derweil mit einem schönen Blick auf den Felssporn vorliebnehmen, auf dem die Trageburg einst stand.

WEITERE INFORMATIONEN

Harzköhlerei Stemberghaus
Stemberghaus 1
38899 Hasselfelde
www.harzkoehlerei.de
Tgl. 11–17 Uhr

Unverkennbar: Der Wanderer befindet sich auf dem Harzer Hexen-Stieg.

4

BROCKEN

URIANS LAUSCHPOSTEN

Weit hinaus in den Westen lauschten die Ohren vom höchsten Berg der DDR. Auf dem 1141 Meter hohen Brocken hatten Rote Armee und das Ministerium für Staatssicherheit (MfS) ihre Horchanlagen platziert, um den »Klassenfeind« auszuspionieren.

Mitten im Sperrgebiet konnten die geheimdienstlichen und militärischen Aktivitäten ungestört betrieben werden. Der Brocken war für normale Menschen seit August 1961 nicht mehr zugänglich. Ab jetzt besaß die sowjetische Einheit eine Stärke von rund hundert Mann und war dem sowjetischen Militärgeheimdienst GRU (Glawnoje Raswedywatelnoje Uprawlenije) direkt unterstellt. Informationen über Militärbewegungen in ganz Westeuropa wurden von hier aus gesammelt, aufgezeichnet und weitergeleitet.

Lauschangriffe aus dem Osten

Aber natürlich hatte auch die Hauptabteilung III des MfS, zuständig für die Funk- und Fernmelde-Aufklärung, hier ein »Ohr« in den Westen gerichtet. Abgehört wurden die damals noch analogen Autotelefonnetze der Bundesrepublik, der Polizei-, Bundesgrenzschutz- und Militär-Funkverkehr in Westdeutschland und Richtfunkstrecken nach Berlin, zwischen München und Hamburg/Hannover, zwischen Hamburg und Bremen und vieles mehr. Die installierten Antennen umfassten einen Bereich von 25 MHz bis hinauf in den Gigahertz-Bereich. Die Ergebnisse der teilweise automatischen Auswertung wurden per Kabel direkt nach Magdeburg und Berlin weitergeleitet. Zuletzt zwischen 21 und 26 Stasi-Mitarbeiter taten im Dreischicht-Betrieb in der Führungsstelle mit dem Decknamen »Urian« ihren Dienst und lauschten bis zu 400 Kilometer in den »Westen« hinein. Wegen seiner auffälligen Form wurde das 1986 errichtete Gebäude des Geheimdienstes als »Stasi-Moschee« bekannt. Die Kuppel wurde von den Filmkulissenspezialisten des Studios Babelsberg erbaut. Wenn innen das Licht ausgeschaltet ist, kann man an vielen hellen Stellen erkennen, wo sie bei Unwettern von Blitzen getroffen wurde.

Spionage im Nationalpark

Weitere Einrichtungen wie die fünf Radome, die entsprechenden Antennen Wetterschutz boten, sind mittlerweile nicht mehr vorhanden. Der noch heute weithin sichtbare Antennenmast war ebenfalls ein Teil der Abhöranlagen und überragt mit seinen 124 Metern Höhe seit 1976 weithin sichtbar die Brockenkuppe. Das Gebäude beherbergt inzwischen das Brockenhaus. Der länderübergreifende Nationalpark Harz informiert dort in einer Dauerausstellung über Naturthemen ebenso wie über die Geschichte der Brockenkuppe. Die Ranger versuchen die Ausflügler für die Besonderheiten dieses empfindlichen Lebensraums zu sensibilisieren. Jährlich besuchen über eine halbe Million Menschen den Park und die Brockenkuppe. Der Druck auf die Natur ist daher ganzjährig hoch. Ein Besuch der Kuppel ist lohnenswert. Wer genau hinschaut, bemerkt auf vielen Antennen westliche Markennamen. Die Stasi hatte offensichtlich

→ Hohe Reichweite dank exponierter Lage: die Sendeanlagen auf dem Brocken

←Aus dem Sportflugzeug lassen sich die Gebäude auf der Brockenkuppe gut überblicken.
↙ Von Ilsenburg führt der Heinrich-Heine-Weg auf den letzten Metern zum Gipfel über die alten Plattenwege der DDR-Grenztruppen.
↘ Bei klarer Sicht gibt der Himmel über dem Turm der Wetterwarte kurz vor Sonnenaufgang ein einmaliges Schauspiel.

keine Probleme, beim »Klassenfeind« einzukaufen und misstraute der eigenen Technik. Die Rote Armee war da schlechter dran und fuhr fahrzeuggestützte alte Militärtechnik direkt in ihre schützenden Radome.

Lohnenswert ist der Rundblick von der die Kuppel umgebenden Galerie über die Brockenkuppe hinaus weit ins Land. Im Inneren des Gebäudes erwartet die Besucher die multimediale Ausstellung »Geschichte erleben«. Mitten im Nationalpark wird hier die Welt der Spionage und der Agenten in Exponaten und Zeitzeugenberichten lebendig.

Wetterbeobachtungen gestern und heute

Der höchste Berg Norddeutschlands hat nicht nur eine wilde und dunkle gesamtdeutsche Geschichte. Durch seine exponierte Lage ist die Kuppe Wind und Wetter aus allen Richtungen schutzlos ausgesetzt. Kein Wunder, dass schon früh hier oben Wettermessungen durchgeführt wurden. Bereits 1820 wurden stündliche Luftdruckwerte gemessen. Ab 1836 notierte der Brockenwirt Temperaturen und Wetterbeobachtungen auf Bitten Braunschweiger Wissenschaftler. 1847 gab es dafür auch einen offiziellen Auftrag. Neben Luftdruck und Temperatur wurde auch die Schneehöhe erfasst. 1859 wurden die Messungen durch die Brockenwirte beendet, vor allem die Genauigkeit bei den Schneehöhen ließ zu wünschen übrig. Auf Drängen von Richard Aßmann, dem damaligen Leiter der Magdeburger Wetterwarte, wurden ab 1882 die regelmäßigen Wetterbeobachtungen wieder aufgenommen. Im Sommer kümmerte sich ein Postgehilfe darum und im Winter ein Mitarbeiter des Brockenwirtes. Mit staatlicher Hilfe und zahlreichen privaten Spenden gelang es Aßmann 1895, eine feste Station bauen zu lassen. Erster Wetterwart war Ludwig Koch. Da dieser neben den Wetterbeobachtungen auch für über 140 000 Postsendungen zuständig war, kündigte er kurz darauf wieder. Etwas weniger lange als seine Anstellung hielt der Turm der Wetterwarte. Während Koch von der Flut der Post regelrecht weggespült wurde, konnte der hölzerne Bau Sturm und Nässe nicht trotzen, sodass 1913 ein steinerner Neubau begonnen wurde. Nachdem die Reichspost 1937 in unmittelbarer Nähe einen Fernsehturm baute, wurde ein weiterer Neubau notwendig, da der Turm die Messungen verfälschte. Dieser noch heute erhaltene und genutzte Turm ging 1939 in Betrieb und kann es seither auch mit den heftigsten Winden aufnehmen. Trotz der massiven Steinbauweise vibrierte bei Orkan der Kaffee in der Tasse des stationierten Wetterwartes regelmäßig. Seit 2010 dient die Station als Klimareferenzstation. Erst 2021 wurde die Station auf vollautomatischen Betrieb umgestellt. Bis dahin war der Turm 24 Stunden täglich an jedem Tag des Jahres besetzt.

TIPP

BROCKENGARTEN

Nach der Automatisierung der Wetterwarte ist diese leider nicht mehr besuchbar. Dafür lohnt sich direkt daneben der Besuch des Brockengartens. Seit 1890 sind hier hochalpine Pflanzen im rauen Klima des Brockens heimisch. 1500 teils seltene Pflanzenarten werden hier vom Brockengärtner gepflegt. Noch heute dient die Anlage der Forschung und dem Artenerhalt. Pflanzen fühlen sich hier so wohl wie in ihrem ursprünglichen Lebensraum im Hochgebirge oder in den Tundren. Eine Besonderheit ist die Brockenanemone. Dieses Hahnenfußgewächs gedeiht nur auf dem Brocken. Die weißblühende Pflanze ist schwach giftig und wird im Volksmund daher auch »Teufelsbart« genannt. Wenn sie blüht, fällt zeitgleich der Startschuss für die Brockengartensaison.

WEITERE INFORMATIONEN

Brockenhaus
www.brockenhaus-harz.de
Tgl. 9.30–17 Uhr, letzter Einlass in die Ausstellung: 16.30 Uhr

Brockengarten
www.nationalpark-harz.de/de/natur erleben/brockengarten
Führungen: Mitte Mai–Mitte Okt. Mo–Fr (außer an Feiertagen) tgl. 11.30 und 14 Uhr

Das Wetter ist extrem in mehr als 1000 Metern Höhe. Eis an den Antennen kann zur Gefahr werden.

5

DERENBURG

DURCHSICHTIGES HANDWERK UND HEISSE MITMACHAKTIONEN

In Derenburg produziert eine der letzten Glashütten in Deutschland wunderschöne filigrane Kunstwerke. Die Glasmanufaktur Harzkristall bietet heute ein breites Spektrum an Produkten und handwerklichen Dienstleistungen rund um die Glasmacherkunst.

Hier wird traditionelles Handwerk bewahrt und mit viel Liebe und großer Kunstfertigkeit ausgeübt. In der Schauwerkstatt entstehen nicht nur Produkte für das eigene Sortiment, sondern auch diverse Sonderanfertigungen. Das Unternehmen ist Teil der Gerhard Bürger Stiftung, die sich seit ihrer Gründung im Jahr 2013 die Förderung von Wissenschaft und Forschung, Kunst und Kultur, Denkmalschutz- und Pflege sowie Förderung der Erziehung, Berufsbildung und Studentenhilfe auf die Fahnen geschrieben hat.

Wer nun erwartet, dass hier vor allem Vasen, Christbaumkugeln, Gläser und putzige Figuren hergestellt werden, wird erstaunt sein. Von Lampen über Glasbausteine bis zu Einzelstücken für die Denkmalpflege reicht das Angebot der Sonderanfertigungen. Für die Sanierung der alten Lokhalle in Göttingen beispielsweise wurden 8000 Glasbausteine nach historischem Vorbild produziert. Oder in der St.-Andreas-Kirche in Rostock, dort sind 300 Glasbausteine zu sehen, die nach Originalstücken gefertigt wurden. In der Werkstatt werden Künstler und Designer unterstützt, indem man ihre Entwürfe umsetzt. Künstler können sich als »Artists in Residence« am Ofen einmieten und selbst Objekte produzieren. Die Manufaktur arbeitet dabei mit verschiedenen Kunsthochschulen zusammen wie der Hochschule für Gestaltung Offenbach, der Hochschule Anhalt Campus Dessau, der Bauhaus-Universität Weimar und der Burg Giebichenstein Kunsthochschule Halle.

Selbst zum Glaskünstler werden

Für Besucher muss es aber nicht beim bloßen Zuschauen bleiben. In Derenburg gibt es verschiedene Möglichkeiten selbst kreativ zu werden und faszinierende Gegenstände aus dem glühenden Material zu formen. Gemeinsam mit einem erfahrenen Glasbläser können Gäste beispielsweise ein Trinkglas herstellen. Dabei bläst man nicht nur das Glas, sondern erfährt auch, was ein Wulgerlöffel ist und wie man mit ihm das Material formt. Menschen, die zu Hause viel Korrespondenz haben, freuen sich sicher über die Möglichkeit, selbst kunstvolle Briefbeschwerer herstellen zu können. Pflanzenliebhaber wiederum können ein Durstglas zur Bewässerung ihrer grünen Lieblinge blasen. Wer dabei auf den Geschmack gekommen ist, kann die gewonnenen Fertigkeiten in Workshops ausbauen. Hier lernen Interessierte die Grundlagen der Glasverarbeitung in individuellen Kursen von anderthalb bis drei Stunden Dauer. Natürlich hat die Glasmanufaktur auch ein gemütliches Café, wo man nach dem Kurs oder nach dem Einkauf eine genüssliche Rast bei Kaffee und Kuchen einlegen kann.

Das Ausgangsprodukt für das durchsichtige Handwerk wird seit Kurzem selbst hergestellt. Die Manufaktur produziert seit 2021 ihr eigenes Rohglas. In einer großen Schmelzwanne entsteht das Basismaterial für die sogenannten Marblets. So werden Studio Glas Nuggets mit einem Gewicht von zehn bis zwölf Gramm bezeichnet, die zum Aufschmelzen geeignet sind und die Ausgangsprodukte für Studioglasöfen darstellen.

TIPP

VOM GLAS ZUM STEIN

Auch das geht in und um Derenburg: In der Umgebung des Ortes gibt es drei Menhire – Steine, die in grauer Vorzeit errichtet wurden und säulenartig in der Landschaft stehen. Seit über 5000 Jahren trotzen sie den Naturgewalten. Der größte von ihnen steht bei Benzingerode. Er ragt 3,80 Meter aus der Erde und hat einen Durchmesser von etwa anderthalb Metern. Die beiden anderen sogenannten Megalithe wurden bei den Bauarbeiten zur jetzigen BAB 36 gefunden und nach Ende der Bauarbeiten neu errichtet. Die Trasse verläuft genau durch die Steine wie durch ein vorzeitliches Tor. Spekulationen gehen davon aus, dass hier einst ein Steinkreis errichtet war. Um zu den Steinen zu gelangen, fährt man von Benzingerode aus Richtung Silstedt. Dabei überquert man die Autobahn auf einer Brücke und kann dann zur Linken der Straße einen der Menhire bereits sehen. Von hier lässt sich auch der zweite Stein gut erreichen.

← Glasbläser sind wahre Künstler. Täglich kann man ihnen bei ihrem kreativen Handwerk zusehen.
↑ Beeindruckende Lampen sind neben anderen Glasgegenständen direkt vor Ort zu erwerben.

6

DREI ANNEN HOHNE

NATIONALPARK LIVE ERLEBEN

Mitten im Wald liegt bei Drei Annen Hohne ein kleines Gehöft. Schon im 17. Jahrhundert wurden hier die zahlreichen Waldweiden und Lichtungen bewirtschaftet. Für seine Hirten ließ Graf Heinrich Ernst zu Stolberg-Wernigerode 1668 eine schlichte Unterkunft errichten.

Seither wurden die Gebäude ständig ausgebaut und regelmäßig erneuert. Seit Mitte des 19. Jahrhunderts gab es hier eine Försterei – bis 2004 war hier der Sitz der Revierförsterei Hohne. Nach diversen Umbauten eröffnete dann 2011 der Nationalpark Harz auf dem Areal das Naturerlebniszentrum Hohnehof, benannt nach den nahe gelegenen Hohneklippen. Als Ausgangs- und Endpunkt für zahlreiche Spaziergänge, Wanderungen und Mountainbiketouren liegt der Hof verkehrsgünstig am Rande des Nationalparks. Sowohl mit dem Auto als auch mit der Bahn ist man schnell in der Natur. Die Station bietet vielfältige Möglichkeiten, selbst aktiv Spannendes über die Natur im Hochharz und die Nationalparkidee dort zu erfahren. Ranger informieren die Besucher und starten zusammen mit Interessierten zu Wanderungen in die mythische Bergwildnis, die direkt hinter dem Haus beginnt. Dieser Ort ist ein Bindeglied zwischen Kulturlandschaft und Natur. In den Sommermonaten wird die Umgebung durch das Rote Harzer Höhenvieh beweidet, eine alte robuste Rinderrasse aus dem Harz, die sich sowohl zur Milch- und Fleischproduktion als auch zur Zugleistung eignet. Wie in alter Zeit bringt Brocken-Bauer Thielecke die Tiere auf die Sommerweiden der umliegenden Bergwiesen. Diese Nutzung hält den Ursprung und die Geschichte des Ortes lebendig.

Barfußpfade, Waldmemory und Träumerbank

Auf dem Löwenzahn-Entdeckerpfad, markiert durch zwei Löwenzahnblätter, bietet der Hohnehof auf gut einem Kilometer Länge Naturinformationen und spannende Erlebnisse auf engstem Raum verdichtet. Auf Kinder warten ein Weitsprungplatz und eine Wasserstation. Das Waldmemory fordert die Merkfähigkeit, ein Barfußpfad lädt dazu ein, die Natur hautnah zu fühlen und zu erspüren. Wer erkennt die Tierspuren? Geheimnisvolle Fährten gibt es nicht nur auf dem weichen Waldboden. Überall an Bäumen und auf Steinen finden sich Spuren von Tieren, die hier vorbeigekommen sind. Auch dass die abgestorbenen Fichten im Harz Platz für einen neuen Wald machen, ist überall leicht zu erkennen. Doch was lebt in den toten Stämmen, die jetzt überall herumliegen? Eine Station zeigt anschaulich, wie lebendig Totholz wirklich ist. Man kann sich seinen eigenen Käfer »drehen«, aber wer schafft es, den richtigen Borkenkäfer zusammenzubringen? Die große Hör-Eule lädt zum Lauschen ein. In ihrem Inneren konserviert sie das Rauschen der Wälder, die Vogelstimmen, das Lachen der Kinder, aber auch den Autolärm. An all diesen Tönen orientieren sich die gefiederten Jäger bei ihrer nächtlichen Jagd. Die Augen schließen und zuhören: Das geht auch wunderbar auf der Träumerbank: Unter einer 400 Jahre alten Eiche hört man vielleicht ihr Raunen von alten Zeiten. Sie hat viel erlebt, den Hirten gelauscht, die auf die Schafe, Ziegen und Kühe des Grafen aufpassten, den Generationen von Förstern bei der Arbeit zugesehen, die die Natur geschützt und erhalten haben und schließlich erlebt, wie die Ranger im Nationalpark mit ihren Gästen auftauchten.

← Mitten im Nationalpark lockt der Hohnehof junge und alte Menschen an.
↓ Erlebnisstationen wie die archimedische Schraube laden auf dem Löwenzahnpfad zum spielerischen Lernen ein.

TIPP

DER GLASHÜTTENWEG

Rund um den Hohnehof locken eine Vielzahl an Wanderwegen. Man kann sie auf eigene Faust erforschen, aber auch eine Führung mit den Rangern des Nationalparks unternehmen. Eine vielfältige Tour führt über den Glashüttenweg zur Brockenstraße. Früher gab es in der Gegend eine Glashütte. Für eine kurze Zeit im 19. Jahrhundert wurde dort Glas hergestellt. Heute sind nur noch wenige Spuren der Fundamente erhalten, aber der Transportweg ist jetzt zum spannenden Wanderweg und Teil des Harzer-Hexen-Stiegs geworden. Von Drei Annen Hohne aus wandert man nach Westen. Vorbei am schroffen Trudenstein mit seinem weiten Ausblick, dem Erdbeerkopf, einem Nebengipfel des Hohenkamms, geht es zu weiteren beeindruckenden Felsformationen: Ahrentsklint, Schlungsklippe und Kapellenklippe ragen mit ihren bizarren Granitformationen in den Wäldern auf. Vor allem Letztere sollte nur in Begleitung eines Rangers besucht werden, da sie schwer zu finden sind und es im Nationalpark ein striktes Wegegebot gibt. Ahrentsklint und Trudenstein lassen sich mithilfe von Treppen und Eisenleitern leicht erklimmen.

7

ELEND

DER KIRCHENZWERG

Elend ist keineswegs elend. Man kann hierher wandern oder mit dem Rad fahren. Gut ausgebaute Straßen erschließen den Ort für Gäste, die lieber mit dem Auto anreisen. Sogar die Harzer Schmalspurbahnen haben in Elend einen Haltepunkt. Eine Idylle mitten in den Harzer Wäldern.

Ein kleiner Ort braucht bekanntlich keine große Kirche. Nur 600 Einwohner wohnen in der kleinen Gemeinde Elend. Wären alle von ihnen eifrige Kirchgänger, würde es eng werden in diesem Dorf. Denn gerade einmal 90 Gläubige passen in die kleinste Kirche Deutschlands. Im Schatten zweier uralter Eichen steht hier ein schlichtes Holzgebäude mit einem bescheidenen Turm. Im neugotischen Stil wurde es 1897 noch ohne Turm errichtet,

dieser folgte erst 1904. Seit der Einweihung im Juni 1897 zieht das evangelische Gotteshaus, Wahrzeichen des Ortes Elend, unzählige Besucher an. Der holzverkleidete Fachwerkbau misst elf Meter in der Länge und fünf Meter in der Breite. Der Altar steht auf Rollen. So kann man ihn verschieben, um mehr Platz zu gewinnen. 2022 wurde das Kleinod aufwendig saniert. Mehr als 100 000 Euro mussten investiert werden, um die maroden Balken und die vom Harzer Wetter stark in Mitleidenschaft gezogene Holzfassade zu erneuern. Auch das Innere der Kirche, darunter Kirchenbänke und Heizung, wurde bei der Gelegenheit überarbeitet. Ein großer Teil der Gelder stammte aus öffentlichen Förderungen, aber 30 000 Euro mussten selbst aufgebracht werden. Der Förderverein »Kleinste Holzkirche Deutschlands« ist Besitzer und Bewahrer zugleich. Um Geld zu sammeln, bedienten sich die Vereinsmitglieder Tausender eifriger Helfer: Bienen erzeugten Holzkirchen-Honig, mit dessen Erlös der Honigtopf und der Spendentopf aufgefüllt wurde. Als die Kirche nach Plänen des Wernigeröder Architekten Niewerth errichtet wurde, war das Dorf arm. Schon damals sammelten die Einwohner Geld für den Kirchenbau. Der Ortsname Elend steht aber keineswegs im Sinne von elendig. Seine Bedeutung ist eher »einsam«, und das gilt auch heute noch, zumindest für die Lage des Dorfes am Fuß des Brockens.

Handwerk aus dem Erzgebirge

Der geschnitzte Altar ist wahrscheinlich eine erzgebirgische Arbeit und stammt ebenso aus der Erbauungszeit wie der Altarbehang. Die Kanzel mit ihren handgearbeiteten Figuren stammt aus dem Jahr 1908 und wurde vom Einheimischen Claus Witte gestiftet und vom Hannoveraner Wolfgang Petersen geschnitzt. Witte und sein Bruder Otto stifteten im gleichen Jahr auch die Bleiglasfenster im Kirchenschiff, die die vier Evangelisten Markus, Matthäus, Lukas und Johannes zeigen. Aus 400 Pfeifen erklingt die Musik der Ladegast-Orgel für die 90 Gläubigen, die in dem Gotteshaus Platz finden. Die längste ist 2,60 Meter lang, die kürzeste misst 15 Millimeter. Für einen guten Klang sorgt auch die einzige Glocke, die 1901 vom nahen Elbingerode nach Elend umgezogen ist und seitdem die Menschen zu den Gottesdiensten ruft. Noch heute muss die 200 Kilogramm schwere Bronzeglocke von Hand geläutet werden. Nicht nur die kleinste, sondern auch die größte Holzkirche Deutschlands steht im Harz. In Clausthal-Zellerfeld ist der gewaltige Bau im Ortszentrum gegenüber dem Hauptgebäude der Technischen Universität Clausthal leicht zu finden.

TIPP

HARZER SCHMALSPURBAHNEN

Von Elend nach Sorge geht es mit der Bahn. Zumindest im Hochharz. Spannende Ortsnamen können die Harzer, aber man muss sich keine Gedanken machen, wenn man mit den Zügen der Harzer Schmalspurbahnen reist. In knapp 20 Minuten bringen die historischen Triebwagen und Dampfloks der *Harzquerbahn* die Fahrgäste von einem Ort in den nächsten. Wer Eisenbahnromantik pur erleben möchte, sollte sich vorab im Fahrplan informieren, wann die Züge von den Dampfloks gezogen werden, da teilweise auch Triebwagen zum Einsatz kommen.

WEITERE INFORMATIONEN

Fahrpläne und Tickets für die Harzer Schmalspurbahnen
www.hsb-wr.de

Touristinfo Elend
www.oberharzinfo.de/die-region/elend

← Von Elend nach Sorge mit der Bahn: Das geht nur im Harz.
↑ Kleine Kirche, großartige Fenster: Das Bleiglasfenster zeigt den Evangelisten Marcus.

Bei Sonnenaufgang zeigt sich der Brocken
vom Torhaus gesehen in seiner ganzen Pracht

8

ELBINGERODE

EISERNE SCHÄTZE

Im Harz warten viele Orte mit einer langen Bergbautradition auf, die häufig mehrere tausend Jahre zurückreicht. An vielen Stellen wurde das metallhaltige Gestein im Tagebau und in kleinen Schächten gewonnen und oft direkt vor Ort geschmolzen.

In der Region um Elbingerode, im Schatten des Brockens, fanden die Menschen schon vor etwa 2000 Jahren Eisenerz. Ab dem 16. Jahrhundert bis 1925 wurde hier durchgängig Bergbau betrieben. 1936 machte der Bedarf der Rüstungsindustrie im Vorfeld des Zweiten Weltkrieges den Abbau von Eisenerz auf den Höhen des Harzes wieder interessant. Die Nationalsozialisten ließen vor allem die Teile abbauen, die mit 35 Prozent den höchsten Eisenteil hatten. Das Projekt war Teil des Plans, Deutschland von Rohstoffimporten unabhängig zu machen. Eine Seilbahn transportierte die Erze mehr als acht Kilometer weit nach Minsleben bei Wernigerode. Dort wurde alles in Eisenbahnwaggons geladen und unter anderem nach Salzgitter in die damaligen Reichswerke Hermann Göring zur Verhüttung gebracht. Täglich gelangten so 840 Tonnen an den Harzrand. Die Seilbahn wurde von der Firma Bleichert aus Leipzig gebaut und war ein Meisterwerk der damaligen Ingenieurskunst. 74 Loren fuhren auf einem 3,5 Zentimeter starken Drahtseil hinab zum Bahnhof und wieder hinauf. Das Drahtseil aus Eisen ist ebenfalls eine Erfindung des Harzer Bergbaus. Es wurde 1834 vom Oberbergrat Julius Albert in Clausthal erfunden und dort in der Grube Caroline erstmals eingesetzt.

Größte Eisenerzlagerstätte der DDR

Nach Kriegsende wurde nach kurzem Stillstand der Betrieb fortgeführt. Mit einer sogenannten Mächtigkeit von 50 Metern war das Büchenberglager nach dem Krieg die größte Eisenerzlagerstätte in der DDR. 1965 arbeiteten in der Erzgrube Büchenberg rund 500 Beschäftigte. 450 000 Tonnen Erz pro Jahr wurden in den 1960er-Jahren zutage gefördert. Der Rohstoffgehalt war zu dieser Betriebsphase jedoch bereits auf 18 bis 23 Prozent gesunken.

Insgesamt ziehen sich mehr als 40 Kilometer Stollen unter den Wiesen und Feldern am Büchenberg durch das Gestein. Sechs Sohlen tief, so nennt der Bergmann die unterirdischen Etagen, ging es hinab bis in eine Tiefe von 453 Metern. Bis 1970 wurde hier Eisenerz gefördert, dann läuteten wirtschaftliche Gründe das Ende ein. Der Eisenerzpreis auf dem Weltmarkt war niedrig und die Kosten im Harz zu hoch. Ein dritter Schacht war zwar bereits abgeteuft, und ein neues Schachgerüst lag bereit. Aufgestellt wurde es aber nie. So lagern wohl noch geschätzte 200 Millionen Tonnen Eisenerz unter der Erde am Brocken. Nach der Auflassung der Grube wurde in einem Stollen eine Staumauer eingebaut. Viele der ausgeerzten Bereiche sind nie verfüllt worden, sodass ein riesiges Trinkwasserreservoir entstand.

Glück auf!

»Glück auf!« heißt es heute wieder für Bergbauinteressierte im Schaubergwerk Büchenberg. 600 Meter Stollen können unter fachkundiger Führung begangen werden. In gut einer Stunde erleben die Besucher, wie der Alltag der Bergleute hier zu DDR-Zeiten ausgesehen hat. Bergbaugeräte sind ebenso zu sehen wie Teile der gewaltigen historischen Seilbahnanlage. Höhepunkt der Führung ist ein in Europa einmaliger geologischer Aufschluss, der auf kleinstem Raum die Erze und eine Vielzahl verschiedener Gesteinsarten offenbart.

← In diesen aufgehängten Loren wurde das Erz via Seilbahn direkt von der 1. Sohle ans Tageslicht und weiter zum Bahnhof transportiert.
↓ Das Erz wurde über eine einzigartige Seilbahn zum nächsten Bahnhof befördert.

TIPP

ELBINGERÖDER BERGBAULEHRPFAD

Bergbau zum Selbsterwandern bietet der Elbingeröder Bergbaulehrpfad. 16 Stationen erschließen sich dem Besucher auf dem Rundweg von und zum Schaubergwerk Büchenberg. Das Mundloch des Hildebrandstollens findet sich dort ebenso wie das des Augustenstollens. Ersterer war ein Erkundungsstollen, während Letzterer der Ableitung der Grubenwässer diente. Beide sind heute ein Quartier für die geschützten Fledermäuse. Eine weitere Station ist die Radstube Franzstollen. Wo sich heute eine ausgemauerte Nische im Hang zeigt, stand im 18. Jahrhundert ein Wasserrad. Mit ihm wurden die Pumpen angetrieben, die die benachbarten Schächte entwässerten. Der Graben, in den das Wasser floss, ist teilweise ebenfalls noch erhalten. Das nahe Mundloch des zwischen 1694 und 1709 aufgefahrenen Hartengrippenhagensberger Stollens kann auf einige Meter selbst begangen werden.

WEITERE INFORMATIONEN

Schaubergwerk Büchenberg
Büchenberg 2
38875 Elbingerode
www.schaubergwerk-elbingerode.de
Führungen tgl. 10.30, 12, 14 und 16 Uhr

9

GERNRODE

ROMANIK IN SCHIEFLAGE

In einer an mittelalterlichen Stätten und Baudenkmälern ohnehin reichen Region wie dem Harz noch ein Highlight zu finden ist schon schwierig. Dennoch sticht die Stiftskirche in Gernrode heraus. Bei Fachleuten gilt sie als eines der bedeutendsten ottonischen Architekturdenkmale in Deutschland.

Bereits 961 erstmals erwähnt, ist sie ein beeindruckendes Zeugnis der Protoromanik, der Übergangszeit zwischen Spätantike und Romanik. St. Cyriakus diente als Stiftskirche des vom ostsächsischen Markgrafen Gero gegründeten Frauenstiftes Gernrode, das 959 gegründet bis ins 17. Jahrhundert bestand. Ein im 16. Jahrhundert entstandenes Tafelbild des Markgrafen Gero ist auf der südlichen Empore des Querhauses zu sehen. Hier lebten Frauen aus adeligen Familien. Das Stift unterstand direkt dem Kaiser und hatte durch diesen Stand außerordentliche Privilegien. Zur

Zeit Ottos I. genoss das Stift den direkten Schutz des Papstes. Die zweite Äbtissin war Adelheid, Schwester von Otto III.

Ein Blick auf den Grundriss der Kirche ist spannend. Seltsam trapezförmig verschieben sich Westwerk, Chor und Langhaus zueinander. Dies ist ein untrügliches Zeichen für die verschiedenen Bauphasen. Wahrscheinlich wurden zuerst Chor und Westwerk errichtet. In der Mitte stand wohl zu dieser Zeit ein Vorgängerbau. Ursprünglich handelte es sich um eine kurze dreischiffige Basilika. In den Seitenschiffen waren Emporen – eine Bauform, die man hier erstmals nördlich der Alpen einsetzte. Sie dienten den Stiftsdamen als Ort, an dem sie dem Gottesdienst beiwohnen konnten.

Reiche Ausstattung

Im südlichen Seitenschiff befindet sich eine Nachbildung des Heiligen Grabes von Jerusalem. Um 1100 entstanden, handelt es sich dabei um die älteste Darstellung dieser Art auf deutschem Boden. Die Anlage besteht aus Vorkammer und Grabkammer. Sie zeigt mit ihrer reichen Figurenausstattung die Geschichte der Auferstehung Christi. Ursprünglich waren die Darstellungen wohl farbig. Im Mittelalter dienten solche bildhaften Szenen dazu, der meist des Lesens unkundigen Bevölkerung religiöse Inhalte näherzubringen. Das Heilige Grab war an hohen Feiertagen wie Palmsonntag den Klerikern ein zentraler Ort für sakrale Handlungen. Karfreitag wurde der vom Kreuz genommene Körper in das Heilige Grab gelegt und am Ostersonntag als Teil der Auferstehungsliturgie wieder daraus hervorgeholt und den Gläubigen gezeigt. 2010 wurde im Vorraum das Grab einer jungen Frau entdeckt, die vermutlich um 1045 gelebt hat. Man geht heute davon aus, dass es sich um die dritte Äbtissin des freien weltlichen Stiftes von Gernrode und Frose, Hazecha von Ballenstedt, gehandelt hat. Auffällig ist auch die hohe Zahl der dargestellten weiblichen Figuren.

Kaiserlicher Besuch

Drei Glocken rufen die Gläubigen vom Turm der Kirche zum Gottesdienst. Die älteste ist die sogenannte Barbarossa-Glocke, die am Rand eine kaiserliche Widmung trägt. Es gibt Annahmen, dass sie im Jahr 1188 gegossen wurde, als Kaiser Friedrich Barbarossa Gernrode besuchte und dort einen Hoftag abhielt. Eine der beiden anderen Glocken wurde im Zweiten Weltkrieg nach Hamburg gebracht, um sie einzuschmelzen und das Metall für Rüstungsgüter zu verwenden. Nach dem Krieg kehrte sie jedoch unversehrt zurück.

TIPP

UHRENMUSEUM GERNRODE

Im und am Uhrenmuseum Gernrode dreht sich alles um die Zeitmessung. Am Giebel befindet sich die größte Kuckucksuhr außerhalb des Schwarzwaldes und das größte Wetterhaus der Welt mit fast zehn Metern Höhe. Die Uhr ist über 14 Meter hoch, und zu jeder vollen Stunde gibt es einen Kuckucksruf mit Echo und Wasserfall. Kernstück ist die Uhrenfabrik, in der man bei einer Führung erleben kann, wie eine Kuckucksuhr entsteht und wie sie funktioniert. Seit 1948 werden im Harz solche mechanischen Kleinode hergestellt. Über 300 von ihnen sind im Museum zu sehen. In dem kleinen Ortsteil von Quedlinburg finden sich zudem viele bezaubernde Gebäude.

← Der gewaltige Kirchenbau von St. Cyriakus ragt mitten im Ort auf.
↑ Pünktlichkeit wird belohnt, wenn zur vollen Stunde der gewaltige Kuckuck aus seiner Tür kommt und ruft.

10

STOLBERG

ARCHITEKTURKALENDER IN DER FACHWERKSTADT

Als kleine romantische Fachwerkstadt ist Stolberg ein beliebtes Ausflugsziel im Ostharz. Hoch über den engen Gassen ragt das Schloss auf. Von 1201 bis 1945 residierte über der Stadt das Adelsgeschlecht derer zu Stolberg auf einem Bergsporn.

Umfangreiche Renovierungsarbeiten der vergangenen Jahre haben dieses bauliche Kleinod erhalten und wieder zugänglich gemacht. Überall in der Stadt drängen sich kleine und größere Fachwerkhäuser aneinander. Die historische Altstadt ist nahezu vollständig erhalten und stand schon zu DDR-Zeiten unter Denkmalschutz. Eine architektonische Besonderheit ist das Rathaus. Mitten in der Stadt, wo sich die Straßen kreuzen, erhebt sich seit 1452 der beeindruckende Bau. In den Jahren 1480 bis 1482 stockten es die Stolberger auf seine heutige Höhe auf. Seitdem hat es annähernd sein jetziges Erscheinungsbild. Das Rathaus erscheint heute zwar etwas überdimensioniert für das kleine Städtchen, aber im 15. Jahrhundert war die Einwohnerzahl mehr als zweieinhalbmal so groß wie heute. Zur Zeit seiner Erbauung wurde das Gebäude als Kaufhaus und Handelshalle genutzt. Die Region war damals durch den Bergbau wohlhabend geworden und konnte sich ein solch repräsentatives Bauwerk leisten. Die Fassade hat zwei deutliche Knicke, um der Straßenführung zu folgen. Ein gewaltiges Satteldach ragt steil in den Himmel. Das Haus besaß ursprünglich 365 Fensterscheiben in 52 Fenstern, man konnte also an jedem Tag des Jahres durch ein anderes Glas hinausschauen. Mittlerweile sind es 366, sodass das nun auch in Schaltjahren passt. Zwölf Türen öffnen sich analog den zwölf Monaten eines Jahres. Im Inneren gibt es keine Treppe in die oberen Geschosse. Beim Aufstocken wählte man eine pragmatische Lösung, zumal erster und zweiter Stock andere Nutzungen als das Erdgeschoss hatten. Oben war unter anderem die Schule untergebracht. Das Haus steht dicht am Hang, und so baute man eine Treppe dort hinauf, die weiter zur Stadtkirche führt und Zugang zu den oberen Räumen schafft. Seit 1724 zeigt eine Sonnenuhr an der Fassade die Zeit an. Sie wurde vom Bergsekretär und Vermesser Johann Friedrich Penther konstruiert. Bemalt hat sie der gräfliche Hofmaler Johann Friedrich Schaffhirte. Seitdem wird das Gebäude auch als Rathaus genutzt. Die Fassade schmücken zudem verschiedene Zunftzeichen des Stolberger Handwerks, die zu Beginn des 19. Jahrhunderts ergänzt wurden.

Radikaler Theologe

Berühmtester Sohn der Stadt Stolberg ist Thomas Müntzer. Der Theologe wurde hier um 1489 geboren, stammte aus bürgerlichen Verhältnissen und wurde um 1513 in Halberstadt zum Priester geweiht. Im Gegensatz zu Martin Luther, der sich seit den Bauernkriegen von ihm distanzierte, sah Müntzer auch Gewalt als legitimes Mittel zur Durchsetzung der Reformation und der Bauernbefreiung an. Er kämpfte an der Seite der Landbevölkerung und wurde nach der Niederlage in der Schlacht bei Frankenhausen am 15. Mai 1525 gefangen genommen und zwölf Tage später in Mühlhausen öffentlich enthauptet. Seit 1989 erinnert vor dem Rathaus eine Skulptur des Bildhauers Klaus Messerschmidt an den radikalen Theologen, die anlässlich seines 500. Geburtstags errichtet wurde.

← Ein kurioses Schmuckstück: Das dreigeschossige Rathaus (li.) gilt als architektonisches Kuriosum.
↓ Das Josephskreuz, ein stählerner Aussichtsturm, dominiert seit 1896 den Auerberg.

TIPP

DIE ANDERSWELT

Nur wenige Schritte sind es in Stolberg von der Straße in die Anderswelt. Wobei eigentlich ist überall Anderswelt. Das behaupten zumindest die Betreiber dieses einzigartigen Theaters. Seit 2011 bringen Christiane und Mario Jantosch Kultur und Genuss in ihrem einzigartigen Theater zusammen. Im märchenhaften Ambiente eines liebevoll restaurierten Fachwerkhauses erleben die Gäste hier Gruselabend mit Geschichten von Edgar Allan Poe ebenso wie Texte von Ringelnatz, Heine und Goethe. Beim Märchendinner für Erwachsene werden hier die wahren Geschichten verraten, während die Gäste wie im Märchen speisen. Zeitweise verlässt das Ensemble sein schmuckes Domizil und spielt an anderen Orten im Harz. So kann man in der Baumannshöhle die Nacht der Vampire erleben oder Frankenstein begegnen.

WEITERE INFORMATIONEN

AndersWeltTheater
Am Markt 2
06536 Südharz OT Stolberg
www.anderswelt-theater.de

11

BLANKENBURG

MUSIK, BURGEN UND EINE BUNDESAPOTHEKE

Romantisch liegt das Kloster Michaelstein bei Blankenburg mitten im Grünen. Eine Oase der Ruhe etwas abseits vom Trubel. Irgendwo im Nirgendwo. Bereits im 12. Jahrhundert siedelten hier die Zisterzienser. Heute dient das Kloster als Ort der Begegnung und der Kultur.

Im Laufe der Jahrhunderte entstand ein großer Komplex aus Klausurgebäude, Kreuzgang, Abtshaus, Gutshof, Scheune, Schmiede, Stallungen, Gärten ... Eben alles, was die Mönche zum Leben und Arbeiten brauchten. Vieles ist davon heute noch erhalten. Ein Teil des Gartens bezaubert mit seinen Beeten an Heil- und Küchenkräutern. Er wurde nach mittelalterlichem Vorbild neu angelegt und lädt ebenso wie die restlichen Klostergärten zum Schauen, Lernen und beschaulichen Verweilen ein.

Ein Hort der Musik

Seit den 1960er-Jahren beherbergen die Gebäude auch Musiker. Konzerte ziehen Musikbegeisterte von nah und fern an, und die mittelalterlichen Mauern verleihen den Tönen einen festlichen Rahmen. Heute hat hier die Musikakademie Sachsen-Anhalt für Bildung und Aufführungspraxis ihren Sitz. Der barocke Westflügel beherbergt ein Musikinstrumenten-Museum. In der Ausstellung »KlangZeichen Raum« bekommt man diese Instrumente nicht nur zu sehen, sondern auch zu hören. Ein Glanzpunkt ist die Musikmaschine des französischen Physikers und Ingenieurs Salomon de Caus. Ursprünglich war diese Konstruktion im Jahr 1615 für den Heidelberger Schlossgarten geplant, konnte aber wegen des Dreißigjährigen Krieges nie realisiert werden. 1998 während eines Forschungsprojekts nachgebaut, erzählt die von drei Wasserrädern angetriebene Maschine jetzt wieder die Sage von *Polyphem und Galathea*. Eine bezaubernde Installation mit Klängen, Musik und technischen Wundern aus einer Zeit von vor 400 Jahren. Daneben bietet das Museum, wo einst die Zisterzienser sangen, interaktive Erlebnisse rund um Musik und Klänge zum Staunen und Experimentieren. Ein Ort zum Mitmachen im besten Wortsinn.

Von streitlustigen Nachbarn und Raubgrafen

Wer es abenteuerlicher mag und dennoch räumlich im Mittelalter verweilen möchte, wird ganz in der Nähe glücklich. Nur einen kräftigen ritterlichen Steinwurf entfernt, erhebt sich der Regenstein. Dieses gewaltige Sandsteinmassiv ragt auf knapp 300 Metern Höhe auf und ist schon von Weitem zu sehen. Als Landmarke an der Autobahn 39 können sowohl Festung als auch Kloster leicht erreicht werden. Im Mittelalter zu Pferd war das sicher ein schwierigeres und deutlich gefährlicheres Unterfangen. 1162 wurde Konrad als Graf von Regenstein urkundlich erwähnt. Burg und Kloster waren also auch damals schon ungleiche Nachbarn.

→ Ort der Ruhe, der Begegnung und der Musik: die ehemalige Zisterzienser-Abtei Kloster Michaelstein

← Durch den Kreuzgang des Klosters geht es in die Gärten.
↙ Das Musikinstrumentenmuseum beherbergt unter anderem auch eine überwältigende, wasserbetriebene Musikmaschine.
↘ Auf und im Regenstein befindet sich eine gewaltige Festungsanlage.

Im Gegensatz zu den Mönchen waren die Bewohner der Burg deutlich streitlustiger. Literarische Berühmtheit erlangte Albrecht II. von Regenstein, der sich munter mit den umliegenden Städten und der Äbtissin von Quedlinburg stritt. Der gebürtige Quedlinburger Schriftsteller Julius Wolff (1834–1910) verewigte ihn in seinem 1884 erschienenen Roman *Der Raubgraf.* Noch heute kann man ein Gefühl für das raue Leben des Mittelalters bekommen, wenn man durch die Gänge der Anlage wandelt. Vieles davon wurde direkt aus dem Sandstein gehauen; weit schweift der Blick über den Nordharz und das Harzvorland. 1671 wurde die Anlage zur Festung ausgebaut, die 1736 durch einen Blitzeinschlag in den Pulverturm schwer beschädigt wurde. Ende des 17. Jahrhunderts wurde auch der Burgbrunnen erbaut, der mit 197 Metern Tiefe einer der tiefsten der Welt sein soll. In den folgenden Jahrzehnten wurde die Festung weiter ausgebaut, etliche der höhlenartigen Kammern entstanden in dieser Zeit. Selbst die Pferdeställe wurden in den Felsen gehauen. Dichterfürst Goethe war natürlich auch schon dort. Die erste Gastronomie eröffnete allerdings erst 1812, also 28 Jahre nach dem Besuch Goethes.

Heute können Besucher per Augmented Reality-App die Festungsanlagen wieder auferstehen lassen. Auf dem Smartphone ersteht die historische Bebauung in der Landschaft neu. Zugang erhalten Interessierte über QR-Codes auf Infotafeln am authentischen Ort.

Ungewöhnliche Apotheke

Etliche Meter tiefer als die Burg liegt eine der außergewöhnlichsten Attraktionen: Hier befindet sich eine der größten unterirdischen Apotheken der Welt. In einem weitverzweigten Tunnelsystem betreibt die Bundeswehr ein Lager für Medikamente und medizinisches Material. Die Nationalsozialisten hatten hier Stollen in den Berg getrieben, um in einer geschützten Fabrik unter den Felsen U-Boot- und Raketenteile zu produzieren. Die Einrichtung trug den Tarnnamen »Turmalin«. Nach Kriegsende wurden hier unter anderem Champignons gezüchtet, bevor die Nationale Volksarmee ein Großlager für Material und Munition etablierte. Die strategische Lage unweit der innerdeutschen Grenze war dafür ideal. Direkt nach der Wende begann die Bundeswehr 1990, die heute noch genutzte Apotheke einzurichten. Dort lagern ständig mehr als 3000 verschiedene Arzneimittel bei einer konstanten Temperatur von 18 Grad Celsius. Für die dort arbeitenden Soldaten geht es teilweise mit dem Fahrrad durch die Tunnel, da die Strecken sehr lang sind. Lager, Labore und Werkstätten für Medizintechnik profitieren vom gleichmäßigen Klima im Sandstein. Als atombombensicherer Bunker geschützt kann hier mitten in Deutschland eine strategisch wichtige Ressource vorgehalten werden. Somit handelt es sich auch um eine sehr sichere Apotheke, wo sich von der Wundsalbe bis zur Sonnencreme alles findet, was der Mensch so braucht.

TIPP

SANDSTEINHÖHLEN AM REGENSTEIN

Ein Hauch des *Herrn der Ringe* weht durch den Wald am Fuß des Regensteins. Hier liegen die sogenannten Sandsteinhöhlen, von den Einheimischen »Sandhutsche« genannt. Inmitten des Kiefernwaldes ragen die Felsen auf. Durch den Wald ziehen sich moosüberwachsene Senken und Erhebungen. Überall finden sich verwunschene Vertiefungen im Felsen, manche haben einen eigenen »Sandkasten« direkt davor. Man meint, dass jeden Moment Hobbits um die Ecke kommen könnten. Die Wälle in dieser Gegend sind ebenso wie die Burg auf der Höhe Teil der historischen Verteidigungsanlagen. Erdschanzen sollten helfen, Angreifer schon in einem frühen Stadium abzuwehren. Bereits in frühgeschichtlicher Zeit versammelten sich hier die Menschen. Später wurde hier der Sand auch abgebaut und als reiner weißer Stubensand gewonnen – so entstanden die Sandsteinhöhlen.

WEITERE INFORMATIONEN

www.blankenburg.de/tourismus/natur/sandsteinhoehlen

Mysteriöse Sandsteinhöhlen: Ihr extrem feiner Sand diente im Mittelalter zum Scheuern von Fußböden.

12

SOPHIENHOF

MEHR ZIEGEN ALS EINWOHNER

Sophienhof ist ein idyllisches Dörfchen im Ostharz. Auf 550 Metern über Meereshöhe leben hier 50 Einwohner und mehr als doppelt so viele Ziegen. Sie sind der namensgebende Hauptzweig der Ziegenalm. Hinzu kommen eine Heidschnuckenherde, Damwild, Tiroler Grauviehkühe, Hühner und Sattelschweine.

Kai und Kerstin Liebig haben sich in Sophienhof ein Paradies für sich und ihre Tiere geschaffen. Mit 100 Hektar Grünland bietet ihr Hof einen artgerechten Lebensraum für das Nutzvieh. Ein Drittel der genutzten Wiesen liegt weitab in Flusstälern, auf Waldlichtungen und an den Steilhängen des Harzes. Auf diese Weise trägt der Betrieb auch zur Landschaftspflege bei. Sophienhof liegt im thüringischen Harz. Gerade mal einen Kilometer von der Landesgrenze zu Sachsen-Anhalt entfernt, ist das Örtchen nur durch Nebenstraßen zu erreichen. Umweltfreundlich fährt man mit der Harzquerbahn, die dort einen Haltepunkt hat. Ursprünglich befand sich hier im 17. Jahrhundert eine Waldarbeitersiedlung. An die zu DDR-Zeiten abgerissenen Kirche erinnert nur noch die erhaltene Glocke, die jetzt auf dem Friedhof im dortigen Glockenstuhl erklingt.

Alte Tierrassen

Familie Liebig züchtet hier Tierrassen, die sonst aus dem Bild der Höfe eher verschwunden sind. Ihre Kühe, das Tiroler Grauvieh, zählen zu den ältesten und ursprünglichsten Rinderrassen Europas. Es sind robuste und genügsame Tiere. So wie auch die Haltung von Deutschen Sattelschweinen, stehen sie für die Abkehr von der Hochleistungszucht. In den Achtzigerjahren des letzten Jahrhunderts drohte diese Rasse auszusterben. Engagierte Züchter, wie hier im Harz, nahmen sich jedoch dieser Tiere an und züchteten sie weiterhin. Ihr Erscheinungsbild ist sehr auffällig. In der Körpermitte wird die schwarze Grundfarbe von einem hellen Sattel durchbrochen. Wie das Grauvieh sind auch die Sattelschweine robust und weidetauglich. Ursprünglich wurde diese Rasse in der DDR aus einer Kreuzung von Angler Sattelschwein und Schwäbisch-Hallischem Landschwein gezüchtet. Geschlachtet wird direkt am Hof. Das spart zum einen Kosten, aber vor allem hält es den Stress für die Tiere gering. Die 575 Bio-Legehennen erfreuen sich ihres Lebens in zwei Hühnermobilen.

Alles rund um die Ziege

Den Kern des Liebigschen Hofes bildet die Ziegenzucht. 120 dieser Harzziegen leben in Sophienhof, in einem geräumigen Stall und tagsüber auf der Weide. Ihre Milch wird in der eigenen Hofkäserei verarbeitet. In handwerklicher Tradition werden hier Qualitätsprodukte erzeugt, die regelmäßig Auszeichnungen erhalten, wie etwa der Ziegencamembert und der Ziegen-Münster. Im angeschlossenen kleinen Restaurant, der Almstube, kann man viele dieser Spezialitäten direkt vor Ort genießen. Das Lokal wird vom Convivium Harz bei SlowFood Deutschland empfohlen. Auf der kleinen, aber feinen Speisekarte sind bodenständige, ehrliche Gerichte wie gebackener Ziegenkäse und Ziegenrostbratwurst sowie Lammbraten und Wildbraten aus eigener Jagd zu finden. Viele Produkte können im hofeigenen Laden gekauft werden. An heißen Tagen, die es im Harz ja auch immer mehr gibt, kühlt das selbst gemachte Ziegeneis. Und wer in dieser idyllischen Gegend Urlaub machen möchte, den erwarten hier gemütliche Ferienhäuser und -wohnungen sowie Familiensuiten.

← In Sophienhof dreht sich (fast) alles um die Ziege. 120 der braunen Harzziegen leben hier.
↓ Frisch aus der Hofkäserei: Ziegenkäse mit und ohne Kräuter

TIPP

AUF EIN BIER IM BRAUNEN HIRSCH

Auch wenn Sophienhof eine kleine Waldsiedlung ist, bietet es doch neben der Ziegenalm noch mehr kulinarische Genüsse. Bierliebhaber kommen im Braunen Hirsch auf ihre Kosten. Der Brauereigasthof braut hier seit 2013 frische Harzer Biere. Helles, Dunkles, Hefeweizen, IPA (Indian Pale Ale) stehen ebenso auf dem Programm wie die regelmäßige Herstellung saisonaler Spezialitäten. Alle Biere gibt es zum Mitnehmen in rustikalen Literflaschen, aber auch in kleinen Fässern zum selbst anstechen. Die naturtrüben Spezialitäten sind allerdings nur gekühlt haltbar und sollten innerhalb von vier Wochen getrunken werden. Für Wohnmobilreisende steht ein Stellplatz mit Stromsäulen und Toilette bereit, sodass direkt gegessen und getrunken werden kann ohne Probleme mit anschließenden polizeilichen Kontrollen fürchten zu müssen.

WEITERE INFORMATIONEN

Ziegenalm Sophienhof
Sophienhof 30
99768 Harztor OT Sophienhof
www.ziegenalm.de
Almstube Di–So 11–18, Hofladen Di–So 10–18 Uhr

99 7240-7

13

WERNIGERODE

WO HARZER KALTGEMACHT WERDEN

Schnaufend erklimmt die Dampflok den Gipfel des Brocken. In 50 Minuten schafft die 700 PS starke Maschine mit den Waggons im Schlepptau die Strecke zwischen Drei Annen Hohne und dem Brocken. Dabei muss sie von 540 auf 1142 Meter klettern. Eine beeindruckende technische Leistung.

Dampfloks sind zuverlässige Zugmaschinen. Bei Wind und Wetter funktionieren sie problemlos. Da friert keine Oberleitung ein und legt empfindliche Technologie lahm. Nur wenn der Schnee viel zu hoch auf dem höchsten Gipfel Norddeutschlands verweht ist, müssen die Eisenbahner der Harzer Schmalspurbahnen an einigen wenigen Tagen kapitulieren. Dann kommen irgendwann auch ihre Schneefräsen nicht mehr durch. Mit gut 140 Kilometern Länge ist das Streckennetz der Harzer Schmalspurbahnen das größte zusammenhängende Schmalspurnetz mit täglichem Dampfbetrieb weltweit. Der Schienenverkehr ist ein normaler fahrplanmäßiger Nahverkehr, bestellt von den Bundesländern Thüringen und Sachsen-Anhalt.

Schwergewicht auf Schienen

Die Brockenloks bringen ein Dienstgewicht von 61,5 Tonnen auf die Schienen. Die mächtige Steigung auf die Kuppe bewältigen sie ganz ohne Zahnradtechnik. Insgesamt besitzt die Betreibergesellschaft 25 Dampflokomotiven, zehn Triebwagen, zwölf Dieselloks und 137 Wagen. Ein großer Fuhrpark, der permanenter Wartung bedarf. Diese geschieht seit fast 100 Jahren in der hauseigenen Werkstatt.

← Schon der Anblick einer nostalgischen Brockenlok löst bei Eisenbahnfans Begeisterung aus.

Die große Halle bietet Platz für notwendige Arbeiten an der gesamten Technik von Dampflokomotiven, Diesellokomotiven, Triebwagen, Personen- und Güterwagen sowie Sonderfahrzeugen. 1926 gebaut, ist sie mit 70 Metern Länge, 25 Metern Breite und elf Metern Höhe nicht nur für Eisenbahnfans, sondern selbst ein beeindruckendes technisches Denkmal. Das Material, das im Harz bei Wind und Wetter härtesten Belastungen ausgesetzt ist, muss regelmäßig von kundiger Hand versorgt werden. Die Mitarbeiter kennen ihre Schätze bis in die letzte Schraube. Hier geht es nicht nur um Mechanik, die Techniker müssen auch die Elektronik der teils 30 Jahre alten Dieselloks beherrschen. Da wird die Beschaffung von historischen Ersatzteilen schnell zur Herausforderung.

Kontrolle der Dampfkessel

Von den 25 vorhandenen Dampfloks sind zehn bis elf einsetzbar. Alle vier Wochen werden die Harzer Dampfloks »kaltgemacht«. Dann werden sie gründlich durchgewaschen, damit beispielsweise kein Kesselstein entsteht. Regelmäßig werden die Fahrwerke untersucht und notwendige Reparaturen durchgeführt, um Schäden vorzubeugen. Alle zwei bis drei Jahre werden die Dampfkessel genauestens untersucht. Im Betrieb halten sie einem Überdruck von 14 bar stand. Hier wirken enorme Kräfte, die schlussendlich mithilfe der Kolbendampfmaschinen auf die Räder übertragen werden. Die Ersatzteile für diese komplizierte

Mechanik wird in der Regel in Eigenregie hergestellt. Die älteste Lok stammt aus dem Jahr 1933 und der jüngste Triebwagen von 1999. Wobei auch das schon relativ alt für einen Triebwagen ist, da diese heutzutage in der Regel nur 16 Jahre in Betrieb sind.

»Harzkamele« unterwegs zum Brocken

1887 wurde die erste Schmalspurstrecke im Harz eröffnet. Von Gernrode bis Mägdesprung ging damals die Fahrt. Seitdem wurde das Netz kontinuierlich erweitert. Seit Dezember 1898 dampfen die Züge auch auf den Brocken. Die Eisenbahn war ein wichtiger Baustein in der touristischen Erschließung des Harzes. Nach dem Zweiten Weltkrieg nahm der Güterverkehr auf dem Streckennetz im Ostharz zu. In den 1980er-Jahren wurden Dieselloks für die Schmalspur umgebaut. Wegen des geänderten Fahrwerks lagen sie zehn Zentimeter höher und schwankten merklich in den Kurven. Dank dieser Fahreigenschaften wurden sie »Harzkamel« genannt. Noch heute bahnen sie sich im Winter mit vorgespannter Schneefräse nach starken Schneefällen den Weg auf den Brocken.

Zur Kur nach Thüringen

Alle acht Jahre muss eine Dampflok zur Generalüberholung. Dabei wird sie in alle Einzelteile zerlegt und anschließend wieder zusammengesetzt. Dagegen ist der turnusmäßige TÜV-Besuch eines Autos eine Lachnummer. 4000 bis 5000 Teile hat so eine Dampflok. So etwas braucht zum einen sehr viel Zeit und natürlich auch reichlich Platz. Bisher reisten die Harzer Loks dazu auf einem Tieflader ins thüringische Meiningen. Seit 1914 werden dort Dampflokomotiven gewartet. Da es kaum noch solche Einrichtungen gibt, sind die Fahrzeuge aus dem Harz teilweise ein Dreivierteljahr in Thüringen zur Kur. So eine Aktion kostet dann schnell bis zu einer Million Euro. Die Wernigeröder entschlossen sich daher dazu, eine eigene größere Werkstatt zu errichten. Seit 2022 können diese Generalüberholungen im eigenen Haus durchgeführt werden. Mittelfristig soll hierfür auch der Personalbestand in der Werkstatt von bisher 40 auf 54 Mitarbeiter ansteigen. In der neuen gläsernen Dampflokwerkstatt gibt es drei Hubgleise. Wie in einer Autowerkstatt Pkw auf einer Hubbühne gehoben werden, lassen sich hier 60 Tonnen schwere Dampflokomotiven samt Gleis nach oben befördern. Zusätzlich unterstützt ein 60-Tonnen-Kran die Arbeiten. Im Zuge des Neubaus wird es auch eine Besucherempore geben, von der aus interessierte Gäste die Arbeiten beobachten können.

Alternative Antriebstechnik

Die Zukunft bietet für die Harzer Schmalspurbahnen viele Herausforderungen. Bereits jetzt tüftelt man an einer alternativen Antriebstechnik. Die Wernigeröder wissen, dass Kohle nicht bis in alle Ewigkeit verfügbar sein wird. Mit der neuen Werkstatt wurde hier ein gutes Mittel aufgestellt, um in die Zukunft zu gehen, damit auch in zehn bis 20 Jahren noch Dampfloks schnaufend durch den Harz fahren.

← Die vielfältigen Details der Dampfloks machen es Fotografen leicht.
↗ Ein sogenanntes Harzkamel vor der historischen Werkstatt der Harzer Schmalspurbahnen

TIPP

FÜHRUNGEN DURCH DIE HISTORISCHE FAHRWERKSTATT

Regelmäßig bieten die Harzer Schmalspurbahnen Führungen durch ihre historische Fahrzeugwerkstatt an. Bei diesen Werkstattbesichtigungen erleben die Besucher live und anschaulich, wie viel Fachwissen und Arbeit hinter dem Betrieb der romantischen Dampflokomotiven steht. Der Blick hinter die Kulissen ermöglicht einzigartige Einblicke in eine alte Technik mitten im Herzstück der Harzer Schmalspurbahnen, die im täglichen Betrieb im Harz noch sehr lebendig ist.

WEITERE INFORMATIONEN

Harzer Schmalspurbahnen GmbH
Friedrichstraße 151
38855 Wernigerode
www.hsb-wr.de
Werkstattführungen (nur mit Voranmeldung):
Mi 15.15 Uhr (in den Ferien) und Fr 13.45 Uhr, außer an Feiertagen

In der 2022 in Betrieb genommenen Dampflokwerkstatt kümmern sich derzeit 40 Mitarbeiter um die Generalüberholung der Lokomotiven.

14

STAPELBURG

LICHT, LUFT UND BOMBEN

Rund um das Grenzflüsschen Ecker ist die Landschaft von großer Harmonie geprägt. Unter schattigen Bäumen plätschert das Wasser friedlich dahin. Hier bricht der Harz jäh ab, und wer aus den Bergen kommt, steht vor einer fruchtbaren Ebene.

Landwirtschaft kennzeichnet die von Äckern und kleinen Waldstücken aufgelockerte Landschaft. Hier, wo vor über 30 Jahren ein tödlicher Grenzzaun beide Teile Deutschlands voneinander trennte, erinnert heute nahezu nichts mehr an den Stacheldraht und die Gräben von damals. Vier Jahrzehnte lag Stapelburg im Sperrgebiet der DDR. Es war von zwei Zäunen eingeschlossen, einem gegen den »Klassenfeind« im Westen und einem, der zur Abriegelung des Sperrgebietes diente.

Das Loch im Grenzzaun

Am 11. November 1989 öffneten sich die Zäune. Und plötzlich war alles anders. Menschenmengen aus Ost- und West strömten durch das Loch im Grenzzaun. Zuerst ließen die Grenzer nur Personen mit einem Visum aus dem Westen »einreisen«, doch schnell brachen alle Dämme.

Der erste Zaun wurde im Jahr 1952 gezogen. 1973 folgte ein weiterer mit Überstiegssicherung und Fernmeldedrähten, der als Signalzaun diente. An Teilen des Zauns gab es eine Hundelaufanlage. Die Hunde wurden nur knapp gefüttert, um sie scharf zu halten. Dieser zweite Zaun schloss die Menschen, die dort wohnten, von zwei Seiten ein. Jedes Mal, wenn sie ihren Ort verlassen wollten, mussten sie eine Passkontrolle passieren. Täglich wurde genauestens geprüft, ob sie den nötigen Stempel im Pass vorweisen konnten, um wieder in die sogenannte Schutzzone 2 zurück in ihre Häuser zu gelangen.

Der Bereich zwischen den Zäunen war die ehemalige Muna-Siedlung. Im Schimmerwald, der im heutigen Niedersachsen liegt, befand sich im Zweiten Weltkrieg die Luftwaffen-Munitionsanstalt 4/VI Stapelburg. Hier verarbeitete man Munition von kleinen Kalibern bis hin zu Panzersprengbomben. Diese waren bis zu 2,8 Meter lang und 1,6 Tonnen schwer, im Wald wurde die fast fertige Munition mit Zündern versehen. Anschließend wurde sie eingelagert und auf Anforderung versandt. Dazu stand ein eigener Eisenbahnanschluss bereit. In Stapelburg lagen die Wohnhäuser des festen Personals, die sogenannte Muna-Siedlung, die Stapelburg vorgelagert war. In den letzten Kriegstagen ließen die Deutschen die Anlagen sprengen. Der Wald wurde dabei mit großen Mengen nicht explodierter Sprengmittel großflächig kontaminiert, die erst in den letzten Jahren geräumt wurden.

Zurück zur Natur

Über den ehemaligen Patrouillenweg in Richtung Süden geht es durch das Tal der Ecker. In einem Wäldchen finden sich Fundamente einer Hütte. Hier stand eines der Lichtlufthäuschen des Sanatoriums Jungborn. Zu Beginn des 20. Jahrhunderts suchten Menschen hier den Weg zurück zur Natur, unter ihnen auch der bekannte Schriftsteller

→ Wellness 1900: Lichtlufthäuschen dienten den Gästen der Naturheilanstalt Jungborn als Unterkunft.

Martha

← Im Frühling verwandeln sich die Kirschbäume am Burgberg in ein Blütenmeer.
↙ Nackt, aber getrennt: Im Jungborn ging es sittsam zu.
↘ Ein Verein hat zwei der Lichthäuschen nach historischem Vorbild rekonstruiert.

Franz Kafka. Die Kurgäste wohnten in offenen Hütten. Es gab Bade- und Gesellschaftshäuser. Die Verpflegung war rein vegetarisch: Nüsse, Rohkost, Obst und Milchprodukte standen auf dem Speiseplan. Morgens absolvierten die Gäste Freiluftübungen bei Spiel und Gesang, alle nackt, wie Gott sie schuf, denn dieses Lichtluftbaden wurde als gesund gepriesen. So wähnte man sich der Natur näher und tat obendrein etwas für seine Gesundheit. Kafka selbst war nicht sonderlich von den vielen Nackten angetan, die übrigens keusch nach Männlein und Weiblein getrennt waren. In seinem Tagebuch notierte er: »Nur in der Ferne spielen sie Fußball, die Vögel singen stark, einige Nackte liegen still vor meiner Tür. Alle, bis auf mich, ohne Schwimmhosen.« Das war am 8. Juli 1912. In den nächsten Tagen fand er all die unbekleideten Körper auch nicht wirklich schöner, bis er sich dann nach einer Woche dazu durchringen konnte, selbst die Hosen fallen zu lassen. Kafkas Geist wurde jedenfalls von der Umgebung angeregt: »Ich träume, dass ich Goethe deklamieren höre, mit einer unendlichen Freiheit und Willkür.«

Jungborn, ein Jungbrunnen

Gegründet wurde das Sanatorium vom Buchhändler und Naturheilkundler Adolf Just. Im September 1895 erwarb der Verfechter der fleischlosen Kost das Gasthaus Eckerkrug mit den umliegenden Wald- und Wiesenflächen. Auf 75 000 Quadratmetern richtete er einen Damen- und einen Herrenfreiluftpark ein, ebenso den Friedrichpark. Hier wollte er seine selbst entwickelten Heilverfahren einsetzen, die unter anderem auf der Anwendung von Heilerde beruhten. Sein 1918 gegründetes Unternehmen Luvos Just GmbH stellt übrigens noch heute in Friedrichsdorf Heilerde her. Anfangs dauerte der Kurbetrieb nur von April bis Oktober. 250 bis 300 Gäste genossen in dieser Zeit die drei bis sechs Wochen dauernden Kuren, darunter auch Leinwandgrößen wie Marika Rökk und Hans Albers. Heute würde man so etwas wahrscheinlich Retreat oder Wellness-Oase nennen. Bis in die 1940er-Jahre lief der Betrieb der alternativen Heilanstalt. Während des Kriegs richtete die Wehrmacht ein Lazarett ein und im Juli die Sowjets ein Tuberkulose-Krankenhaus. Von 1964 bis 1989 lag das Gelände in der Sperrzone. Die Gebäude waren vorher zur Grenzsicherung abgebrochen worden. Im 21. Jahrhundert kümmert sich ein Verein wieder um das Erbe des Jungborns. Es gibt jetzt wieder Informationstafeln am Eingang des Eckertals und zwei nachgebaute Lichtlufthäuschen. So kann man auch heute noch die Landschaft genießen, dabei an Kafka denken und vielleicht bei einem kleinen Nickerchen von Goethe träumen.

TIPP

MITTELALTERLICHE BURG

Kafka wanderte, wie ein seinem Reisetagebuch erwähnte, auch nach Stapelburg zur dortigen Ruine. Gemeint hat er die Reste der mittelalterlichen Burg. Ein Abstecher hierhin lohnt sich vor allem im Frühling, wenn die vielen Obstbäume an den Hängen des Burgberges in voller Blüte stehen. Dann wandelt man durch ein märchenhaftes weißes Blütenmeer. Das Gemäuer selbst steht schon lange leer. Seit der Zeit um 1730 verfallen die alten Mauern. Im August steigt hier oben das jährliche Burgfest. Dann wird das Mittelalter lebendig. Gaukler zeigen ihre Künste, speien Feuer und spielen Theater, Spielleute erfreuen die Ohren und ein Ritterlager umzieht die Reste der alten Burg. Erhalten wird die Burg vor allem von den ehrenamtlichen Mitgliedern der Interessengemeinschaft Burgberg e.V., die auch für jedes Jahr für das muntere Markt- und Rittertreiben verantwortlich sind.

WEITERE INFORMATIONEN

Wanderung zum Jungborn
Parkplatz (Jungborn-Platz) am Ende der Blankenburger Straße in Eckertal. Gut 1 Kilometer in Richtung Süden der Straße folgen bis zum Jungborn.

Interessengemeinschaft Burgberg e.V.
Trift 5
38871 Stapelburg
www.die-stapelburg.de

Überreste der mittelalterlichen Höhenburg über dem Ort Stapelburg

Sonne, Wolken und Nebel treiben ihr launisches Spiel in den Harzbergen. (Blick auf den Bocksberg bei Hahnenklee, den Hausberg des zur Goslar gehörenden Kurortes)

DER WESTEN

Vielfältiger Harz: geschichtsträchtige Orte, der Zauber von Goslar, aber auch Hexen und Höhlenwesen, sagenumwobene Felsen, dunkle Stollen und steile Klippen

15

ALTENAU

WO DER PFEFFER WÄCHST ...

Wir machen keinen Abstecher nach Madagaskar, sondern in die Bergstadt Altenau. Wer vom Kreisel mitten im Ort bergauf Richtung Torfhaus fährt, kommt am KräuterPark Altenau vorbei. Auf einem riesigen Areal erwarten den Besucher mehr als 1500 duftende Kräuter und andere Gewürzpflanzen.

Mit dieser Vielfalt auf einer Fläche von 30 000 Quadratmetern handelt es sich um die größte Anlage dieser Art in Deutschland. Heimische und exotische Pflanzen werden im KräuterPark Altenau herangezogen und geben einen intensiven Überblick, der nicht nur Hobbyköche begeistert. Für Anfänger in Sachen Kräutern, aber auch für Profis gibt es Bekanntes zu sehen, zu riechen, zu fühlen und zu schmecken. Aber auch seltene und unbekannte Arten warten darauf, entdeckt zu werden. Infotafeln und Schilder an den Beeten verraten nicht nur die deutschen und lateinischen Namen, sondern informieren auch über die Verwendungsmöglichkeiten der Küchen-, Heil- und

Duftkräuter. Alle, die selbst gärtnern, erhalten Tipps zum Eigenanbau. Die Beete sind zudem hübsch eingebettet in die weitläufige Parklandschaft. Wer alles sehen und bestaunen möchte, sollte schon zwei, drei Stunden Zeit mitbringen. Vor mehr als 18 Jahren gründete der Garten- und Landschaftsbauer Erich Jürgens diese duftende Anlage, die Altenau zum Beinamen »Stadt der Kräuter« verholfen hat. Inspiriert dazu haben ihn seine Reisen in viele Ecken der Erde. Auf damals noch bescheidenen 4000 Quadratmetern startete er bereits mit 1000 Pflanzensorten. Seit seinem Tod 2015 setzt seine Frau Anita die Arbeit fort.

Ein Hauch von Orient

Zentraler Punkt des Gartens ist die Gewürzpagode. Auf einer kleinen Anhöhe erhebt sich der Bau im ostasiatischen Stil. In seinem Inneren erwartet den Besucher eine Ausstellung zur faszinierenden Geschichte der Gewürze. Einen breiten Raum nimmt dabei der Gewürzhandel ein. Weihrauch- und Seidenstraße werden ebenso thematisiert wie die Handelsrouten über den Seeweg nach Indien. Gehandelt wird auch direkt vor Ort: In der Gewürzgalerie gibt es 350 Mischungen aus verschiedensten Kräutern und Gewürzen zu kaufen. Sie werden vor Ort hergestellt, und hin und wieder kann man auch live erleben, wie die Zutaten geröstet werden. Der Duft, der dabei entströmt, ist betörend. Ein Erlebnis für alle Sinne und ein Hauch von Orient im Harz. Hier gibt es alles für die Küche, aber auch ein breites Angebot an Heilkräutern für die Kräuterapotheke. Und natürlich andere aromatische Produkte wie Teemischungen, Räucherwerk, Harze, Essig und Gewürzöle, Kräuterliköre und Zutaten für Naturkosmetik.

Harzer Brautradition

Wer nach all den duftenden Kräutern und Gewürzen Durst bekommen hat, kann nicht weit vom Park eine Rast in der Altenauer Brauerei einlegen. Mehr als 400 Jahre Brautradition sind hier lebendig. In der höchstgelegenen Privatbrauerei Deutschlands werden regionale Braugerste und Harzer Wasser zusammen mit bestem Hopfen zu leckeren Bieren gebraut. Eine Besonderheit ist dabei der Harzer Urstoff, ein naturtrübes vollmundiges Bier mit einem einzigartigen Geschmack. Die Brauerei hat aber auch eine Kräuterlimonade im Angebot, sodass hier das Thema Kräuter – in flüssiger Form – wieder aufgenommen wird. Auf Führungen kann der Weg von den Rohstoffen zum Bier erlebt und die Produkte natürlich im Anschluss verkostet werden.

← Eine Besonderheit ist die Gewürzpagode, die den Besucher in die Welt der Aromen entführt.
↓ Ein grandioser Panoramablick erwartet Wanderer von der Klippe Wolfswarte.

TIPP

KLIPPENBOCK UND WOLFSWARTE

Klippenbock gibt es nicht nur in der Altenauer Brauerei. Wer einfach so Bock auf Klippen hat, fährt vom KräuterPark aus weiter Richtung Torfhaus und stellt seinen Wagen nach knapp sechs Kilometern am Parkplatz Wolfswarte ab. Von hier lässt sich die gleichnamige Klippe erwandern, die mit 971 Metern Höhe als Teil des Bruchbergmassivs traumhafte Ausblicke bietet. Der Blick schweift ungehindert bis zum Brocken im Osten und über den ganzen Westharz. Mitten im Nationalpark gelegen, sind die schroffen Felsen für sich schon ein beeindruckendes Fotomotiv. Von hier lässt sich der Sonnenuntergang hinter den Bergen genießen, bevor der Weg wieder hinabführt. Dabei sollte man allerdings bedenken, nicht zu spät abzusteigen, um in der Dämmerung auf dem holprigen Pfad nicht zu stürzen und auch um die Tierwelt des Nationalparks nicht zu stören.

16

SEESEN

WO RÖMER UND GERMANEN AUFEINANDERTRAFEN

Leise streicht der Wind durch den Laubwald. Sanft führt ein breiter Wanderweg den Hügel hinauf. Im Hintergrund rauscht der Verkehr auf der Bundesautobahn 7 von Nord nach Süd und umgekehrt. Ein idyllisches Fleckchen Erde unweit von Seesen.

Möchte man zumindest meinen. Doch beim Spaziergang durch den Wald fallen seltsame kleine bunte Holzfähnchen links und rechts ins Auge: Spuren einer Schlacht, die hier vor fast 1700 Jahren getobt hat. Um das Jahr 235 n. Chr. kam es an diesem Platz zu Kämpfen zwischen römischen Truppen und Germanen. Eine Vielzahl archäologischer Funde zeugt von dieser in der Wissenschaft als »Harzhornereignis« bekannt gewordenen kriegerischen Auseinandersetzung. Neben Kalkriese im Teutoburger Wald – wir erinnern uns: Das war die Schlacht mit Varus und Herrmann – liegt am Harzrand eines der besterhaltenen antiken Schlachtfelder in Europa. Seit dem Jahr 231 drängten die Germanen über die Limesgrenzen. Daraufhin schickte der römische Kaiser Severus Alexander

Legionen auf einen Straffeldzug gen Norden. Nach Alexanders Ermordung setzte Kaiser Maximus Thrax den Feldzug fort. Auf dem Rückweg ins Winterlager im heutigen Mainz wurden die Truppen am Harzhorn von Germanen überfallen. Ans Licht kam die ganze Geschichte erst im Jahr 2000, als die Hobbyarchäologen Winfried Schütte und Rolf-Peter Dix aus dem Landkreis Northeim mehrere Funde machten. 2008 legten sie diese der Kreisarchäologin Dr. Petra Lönne zur Begutachtung vor. Unter den Funden war eine sogenannte Hipposandale – eine Art antiker Vorläufer der heutigen Hufeisen, ein sandalenförmiger Schutz für die Hufe von Maultieren. Solche Hipposandalen nutzten nach heutigen Erkenntnissen nur die Römer.

Rekonstruktion eines Gefechts

Spätere Grabungen förderten in mehreren Arbeitsperioden mehr als 2700 Fundstücke zutage. Dabei konnte erstmals durch eine exakte Dokumentation von Projektilen der Ablauf eines Gefechts teilweise rekonstruiert werden. Hier kommen die Holzfähnchen ins Spiel, die dem Besucher entlang eines Rundweges diese Fundstellen aufzeigen. Die Römer mussten am Harzhorn einen nur 200 Meter breiten Durchgang durchqueren. Dabei wurden sie angegriffen und in zahlreiche Kämpfe verwickelt. Offensichtlich hatten es die Angreifer auf die Trosswagen der Römer abgesehen. Diese formierten sich jedoch neu und konnten die Germanen erfolgreich zurücktreiben. Dabei kamen auch Geschütze und Bogenschützen zum Einsatz. Deren Standorte konnten die Archäologen durch ihre Forschungen nun genau bestimmen, ebenso wie die Plünderungen einzelner Wagen. Ein weiteres Gefechtsfeld fand sich in etwa zwei Kilometern Entfernung.

Knochenfunde

Neben allerlei ausgegrabenen Materialien fanden sich auch die Überreste eines Opfers der Schlacht. Unter den Wurzeln eines umgestürzten Baums konnten Knochen gesichert werden. Dabei handelt es sich vermutlich um Skelettteile eines Pferdes oder auch Maultiers. Mithilfe der Radiokarbonmethode konnten diese auf die Zeit zwischen 230 und 240 n. Chr. datiert werden. Menschliche Überreste wurden bisher allerdings nicht gefunden.

Übrigens, zum Thema »Roms Legionen auf dem Marsch« ist im Kloster Brunshausen in Bad Gandersheim eine beeindruckende Erlebnisausstellung zu sehen.

TIPP

SCHLACHTFELD AM HARZHORN

Das Schlachtfeld lässt sich heute entspannt auf einem Infopfad erwandern. Vom Parkplatz am Infozentrum führt ein Rundweg durch den Wald über das ehemalige Schlachtfeld. Das Gebäude am Start des Weges ist auch von der Autobahn gut zu erkennen und leicht von der Ausfahrt Seesen der A7 erreichbar. Mit etwas Fantasie wird das Kampfgeschehen lebendig. Infopunkte im Wald erläutern eindrücklich die Ausgrabungen und die antiken Ereignisse, ebenso die Taktik der Kämpfer und Waffensysteme. Lauert da hinter dem Baum etwa ein Römer, oder ist es doch ein Germane mit seinem großen Hund? Nach Voranmeldung sind Führungen möglich. Gelegentlich finden Veranstaltungen statt, bei denen auch römische Waffen gezeigt werden und sogar der Bogen in die Hand genommen werden kann. Workshops lassen die antike Zeit wieder aufleben.

WEITERE INFORMATIONEN

Infozentrum Harzhorn
www.roemerschlachtamharzhorn.de
April–Okt. So 11–16, Nov.–März So 13–16 Uhr
Führungen auf Anfrage

← Im Wald waren die Römer. Wo heute Bäume wachsen, tobte die Schlacht.
↑ Ein Glasfenster projiziert das Gefechtsfeld in die heutige Landschaft.

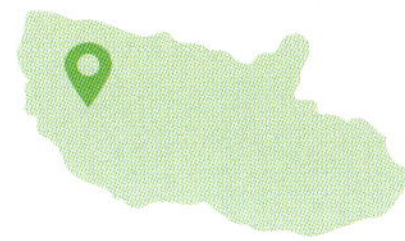

17

BAD GRUND

HÖHLENWESEN, FELSEN UND EIN WALD

Einmal im Jahr treffen sich Hexen und Teufel an einem ganz besonderen Ort im Harz. Damit ist diesmal nicht der Brocken gemeint, sondern der Hübichenstein, der mit seinen zwei Gipfeln nahe Bad Grund aufragt. Um ihn herum herrscht in der Nacht zum 1. Mai ein gespenstisches Treiben.

Der Hübichenstein ist ein sagenhafter Ort, der jedes Jahr den Hintergrund für eine der bedeutendsten Walpurgisfeiern im Harz bietet. Laut Legende wohnte einst tief unter dem Stein der friedfertige Zwergenkönig Hübich mit seinem Hofstaat. Hübich war allen guten Menschen wohlgesonnen. Doch wenn jemand dem Wald oder den Seinen schadete, wuchs der Zwerg über sich hinaus und vertrieb vehement die Bösewichte. Das Erklimmen des Hübichensteins, eine immerhin 50 Meter hohe Kalknadel, verbot der Zwergenkönig, weil dadurch immer wieder Gesteinsbrocken abbrachen und sein Reich gefährdeten. Denjenigen, die dennoch hinaufkletterten, bekam das nicht gut. Als einmal der Förstersohn trotz aller Warnungen den Felsen erklomm, um seine Freunde zu beeindrucken, war König Hübich darüber so erzürnt, dass er den jungen Mann mit seinen Zauberkräften am Felsen fixierte, um ihm eine Lehre zu erteilen. Die Freunde, die dem armen Kerl zu Hilfe eilen wollten, mussten den Rückzug antreten, weil sie von den Zwergen unablässig mit Tannenzapfen beworfen wurden. Doch als der Zwergenkönig sah, wie verzweifelt der Vater war, erbarmte sich Hübich und befreite den Förstersohn aus seiner misslichen Lage. Nicht, ohne ihm einige Versprechen abzunehmen. Als dann im Dreißigjährigen Krieg Tillys Soldaten die Spitze des Felsen herunterschossen, verschwand der Zwergenkönig Hübich und wurde nie wieder gesehen.

← Ein Bronzeadler mit gewaltigen Flügeln ziert seit 1897 die Felsnadel des Hübichensteins, errichtet wurde die Skulptur zu Ehren Kaiser Wilhelms I.

Die Felsnadel ist der Rest eines Korallenriffs und einmalig im Harz. 1897 wurde auf seinem Gipfel ein überlebensgroßer Bronzeadler errichtet, der mit seinen drei Metern Spannweite zu Ehren Kaiser Wilhelm I. seitdem dort oben thront. Auf den heute kleineren Gipfel führt eine Treppe zu einem Aussichtspunkt hinauf, der so risikolos bestiegen werden kann, ohne dass die Strafe des Zwergenkönigs oder der Zorn der Naturschutzbehörde gefürchtet werden muss.

Faszination der Höhlen

Vom Hübichenstein ist es nicht weit zum Iberg. Dieser besteht ebenso wie der Fels aus Kalkstein und wird von diversen Höhlen durchzogen. Im dortigen Höhlenerlebniszentrum geht es in die geheimnisvolle Welt unter Tage. Die Iberger Tropfsteinhöhlen locken seit 1875 Ausflügler an. In ihren weiten Sälen faszinieren Tropfsteine in vielfältigen Formen die Besucher. Während sich früher die Menschen durch einen engen Schacht in die Höhle begeben haben, führen heute ein in den Felsen gesprengter Stollen und eine gut ausgebaut Treppe in den Berg hinein. Die Besucherhöhle ist eine von ungefähr 100 großen und kleinen Höhlen im Iberg. Um das Jahr 1500 wurde sie von Bergleuten entdeckt, die auf der Suche nach Erz waren.

Seit 2008 schließt sich vor der Höhle das HöhlenErlebnis-Zentrum an. Seitdem ist die Höhle auch ganzjährig besuchbar. In diesem Museum wird die spannende Geschichte einer anderen Höhle erzählt. In der 15 Kilometer entfernten Lichtensteinhöhle im südlichen Harzvorland fanden Forscher 1980 Knochen einer Familie aus der Bronzezeit. Im günstigen Klima unter Tage waren die Skelette sehr gut erhalten. Mindestens 65 Menschen waren hier bestattet worden. Die Knochen waren in einem so guten Zustand, dass Anthropologen der Universität Göttingen Verfahren zur DNA-Bestimmung weiterentwickeln konnten. Mit diesen Methoden ließen sich weltweit erstmalig die familiären Strukturen von Urzeitmenschen bestimmen und dokumentieren. Mittels DNA-Test bei heutigen Bewohnern der Umgebung konnten 2007 zwei wahrscheinliche Nachfahren der Menschen aus der Lichtensteinhöhle gefunden werden. Das Museum in Bad Grund zeigt eine originalgetreue Nachbildung der Höhle, in die man hineinkriechen kann – zum Begehen wäre sie zu niedrig. Aus Vitrinen blicken einen die lebensecht nachgebildeten Köpfe der urzeitlichen Südharzbewohner an. Fast alle Funde wie Knöpfe, Perlen, Schmuck, Pfeilspitzen sind in dem Museum ausgestellt.

Im Dunkel des Oberharzer Bergbaus

Teile des Ibergs werden in einem großen Kalkwerk abgebaut. Traditionell wurde hier jedoch nicht nur Kalk gewonnen. Das Erzbergwerk Grube »Hilfe Gottes« musste 1994 schließen. Der Bergbau war nicht mehr wirtschaftlich, und das bekam auch das letzte Erzbergwerk Deutschlands zu spüren. Mit der Schachtanlage Knesebeck ist ein kleiner Teil der Anlagen noch heute für Besucher zugänglich. Sein Schachtgerüst ragt unweit des östlichen Ortseingangs von Bad Grund am Hang auf. Neben der Schachthalle steht ein weiteres eisernes Gerüst, die Konstruktion erinnert an einen Bohrturm. Es handelt sich um einen Hydrokompressor, eine sehr seltene Anlage zur Erzeugung von Druckluft mithilfe von Wasserkraft. Durch ein Fallrohr stürzte das Wasser 64 Meter in die Tiefe, riss dabei Luft mit sich und erzeugte so 6,4 bar Druck. In einem Wasserabscheider trennten sich Wasser und Luft, sodass die erzeugte Druckluft zum Antrieb von Bergbaumaschinen wie Bohrhämmern genutzt wurde. Der Wasserzulauf erfolgte über die historischen Gräben der Oberharzer Wasserwirtschaft. Dieses sogenannte Aufschlagwasser wurde nach dem Einbau einer elektrischen Fördermaschine nicht mehr für ein früher vorhandenes Kehrrad benötigt. Bei einer Museumsführung sind die alten Radstuben ebenso wie die elektrische Fördermaschine zu sehen. Ein kleiner Stollenabschnitt führt die Besucher unter Tage in die Arbeitswelt der Bergleute. Für Abenteuerlustige werden Führungen durch den noch wasserführenden Eichelberger Wasserlauf angeboten. Mit Helm, Gummistiefeln und Taschenlampe ausgerüstet geht es dabei ins Dunkel der Oberharzer Bergbaugeschichte.

↖ So sahen sie aus, die frühen Harzer.
← Das Museum informiert in einer modernen Ausstellung über eine der ältesten Großfamilien der Welt.
↗ Sich einmal wie ein Entdecker fühlen: Ein Nachbau der Lichtensteinhöhle kann »bekrochen« werden.

TIPP

DER WELTWALD

So viel Untergründiges macht Lust auf frische Luft. Davon gibt es im WeltWald der niedersächsischen Landesforsten mehr als genug. Auf 65 Hektar Fläche findet sich hier einer der größten Baumgärten Deutschlands. Über 600 Arten wachsen auf dem Gelände. Besonders reizvoll ist der Besuch im Herbst, wenn die zahlreichen Laubbäume einen Hauch von Indian Summer in den Harz zaubern. Über eine Strecke von zwölf Kilometern ziehen sich die Wege durch diesen besonderen Wald. Vier spezielle Themenwege lenken dabei die Besucher. Ein Highlight für Kinder ist sicher der Indianer-Erlebnispfad durch die »Wälder Nordamerikas«. Hängebrücken und Totempfähle sorgen für Abenteuerfeeling.

WEITERE INFORMATIONEN

HöhlenErlebnisZentrum Iberger Tropfsteinhöhle
An der Tropfsteinhöhle 1 (B 242)
37539 Bad Grund
www.hoehlen-erlebnis-zentrum.de
Di–So, feiertags 10–17 Uhr

Schachtanlage Knesebeck
Knesebeck 1
37539 Bad Grund
www.knesebeckschacht.de
Führungen: Mai–Okt. Di–So 11 und 14,
Nov.–April So 11 und 14 Uhr

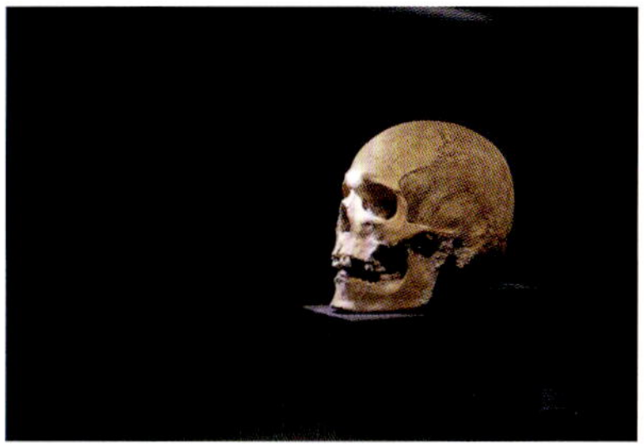

Schädel-Nachbildung eines Urzeitbewohners im HöhlenErlebnisZentrum

WeltWald Harz
Kanadaweg
37539 Bad Grund
www.landesforsten.de

18

BAD HARZBURG

BERG MIT ZWEI BURGEN

Zwischen Goslar und Wernigerode liegt die Kurstadt Bad Harzburg. Hoch über dem Ort thronten einst auf einem Bergsporn zwei Burgen. Man spricht deshalb auch vom großen und kleinen Burgberg. Die meisten Besucher erwandern leider nur den »großen Bruder« mit der großen Harzburg.

Hier gibt es noch etliche Mauerreste und in neuerer Zeit ergänzte Anlagen zu sehen. Erbaut wurden sie im Jahr 1065 im Auftrag des damals 15-jährigen Heinrich IV. Die kleine Harzburg auf dem Nebengipfel wurde wohl zeitgleich errichtet, hatte aber nur geringe Bedeutung. Von ihr ist heute kaum noch etwas erhalten. Um Berg und Burg ranken sich viel Sagen und Mythen. Wilde Szenen sollen sich hier abgespielt haben, als im August 1073 die Sachsen mit Heinrich IV. im Krieg lagen. Heinrichs Untertanen litten unter seiner Knechtschaft, den Frondiensten sowie der Plünderung ihrer Dörfer und Felder. Auch seine Fürsten brachte der Kaiser gegen sich auf. Unter der Führung von Otto von Northeim und dem Bischof von Halberstadt zogen daher die sächsischen Bauern und der Adel gemeinsam gegen die Harzburg. Heinrich blieb keine Wahl: Er musste in der Nacht auf den 10. August fliehen. Bis heute ist nicht bekannt, wie der Kaiser den belagerten Berg verlassen konnte.

Die Harzburg wurde daraufhin geschleift und erlangte nie wieder ihre alte Bedeutung. Die Sieger zerstörten auch die Stiftskirche, plünderten die königlichen Gräber und verstreuten die Knochen über das ganze Areal, was großes Entsetzen im Reich auslöste. Wie viel an dieser Geschichte dran ist, werden vielleicht irgendwann archäologische Grabungen herausfinden. Sicher ist, dass die Burg kaum zehn Jahre nach ihrer Errichtung zerstört wurde.

Der geheimnisvolle Stollen

Friedrich I. Barbarossa ließ die Anlagen 1180 neu errichten. Der letzte Kaiser, der hier Hof hielt, war Otto IV. In der Folge wechselte die Burg mehrfach die Besitzer, stand aber immer unter dem Einfluss der Welfen. Herzog August der Jüngere ließ sie schlussendlich im Jahr 1650 abreißen. Erst Mitte des 19. Jahrhunderts brachte der Tourismus neue Gäste, als auf dem Berg ein Gasthaus eröffnete und Besucher kamen, um die geschichtsträchtigen Ruinen zu erkunden. Zeitgleich begann die Erforschung der Harzburg. Als der Gastronom Reusche den Brunnen leeren ließ, stieß man auf den Beginn eines Geheimgangs in der Brunnenwand. Vielleicht der geheime Fluchtweg von Heinrich IV., auf dem er seinen Verfolgern entkam? Bei Grabungen zwischen 1902 und 1904 kamen Reste einer Wasserleitung ans Tageslicht – Tonröhren, die exakt nach römischem Vorbild gefertigt waren. Die ganze Leitung war ursprünglich 1,3 Kilometer lang und wurde durch ein Speicherbecken im Spüketal gespeist.

Auf Schusters Rappen

Der Burgberg lässt sich heute gut erwandern. Teile der Mauer sind ebenso erhalten und gesichert, der Stumpf des Bergfrieds gibt einen Einblick in die massive Bauweise der Festungsanlagen. Der Durchmesser von über neun Metern und die Mauerstärke von fast vier Metern deuten auf einen besonders sicheren Platz hin. Es wird vermutet, dass Otto IV. hier die Reichsinsignien aufbewahrt hat. Teile des Tors und mehrerer Gebäude sind ebenso erhalten. Mit etwas Fantasie entsteht die gewaltige Anlage vor dem inneren Auge neu. Wer an der nördlichen Spitze des Burgberges steht, kann seinen Blick weit über das Land schweifen lassen und sich ein wenig wie die alten Herrscher fühlen.

← Wo heute das Grün sprießt, flüchtete einst ein Kaiser vor den Sachsen.
↓ Skulptur des sagenhaften Gottes Krodo

TIPP

BEQUEM ZUM BURGBERG

Seit 1929 können sich Besucher den mühevollen Aufstieg ersparen und mit der Seilbahn auf den Burgberg fahren. In drei Minuten erreichen so bis zu 18 Gäste den Gipfel. Angetrieben wird die Bahn durch einen Elektromotor mit lediglich 45 PS Leistung. Empfehlenswert ist der »Aufstieg« per Seilbahn und der Abstieg zu Fuß. Wer etwas weiter wandern will, dem ist der Rundweg zum Luchsgehege an der Rabenklippe zu empfehlen. Der Nationalpark hält hier einige der »Pinselohren« in einem großen naturnahen Gehege, wo die scheuen Tiere in ihrer natürlichen Umgebung beobachtet werden können. Lohnenswert sind die zweimal wöchentlich stattfindenden öffentlichen Fütterungen. Die Wanderung vom Burgberg zum Luchsgehege nimmt etwa eine Stunde in Anspruch. Von April bis Anfang November fährt der Linienbus 875 von Bad Harzburg bis zum Gehege.

19

CLAUSTHAL-ZELLERFELD

DREHORT IM WELTERBE

Ab und zu drehen sie sich hier: die Seilscheiben des Schachtgerüstes am Ottiliae-Schacht. Manchmal drehen aber auch Filmteams aus Hollywood. Zuletzt hat George Clooney hier für den Spielfilm »Monuments Men – Ungewöhnliche Helden« vor der Kamera gestanden.

Im Film stehen die historischen Anlagen dank Special Effects allerdings vor alpiner Kulisse. Spezial ist hier aber auch im richtigen Leben alles. Auf einer Anhöhe ragt das Schachtgerüst des ehemaligen Ottiliae-Schachtes stolz in den Himmel. 1878 in Betrieb genommen, ist es heute das älteste erhaltene Schachtgerüst der Welt. Und dazu ein zentraler Punkt im UNESCO-Weltkulturerbe »Erzbergwerk Rammelsberg, Altstadt von Goslar und Oberharzer Wasserwirtschaft«. Bis 1930 war dies der Hauptförderschacht in Clausthal-Zellerfeld. Mit seiner Schließung ging eine Ära im

Oberharz zu Ende. Nur in Bad Grund und in Goslar waren im Westharz noch Bergwerke in Betrieb, bis auch diese Ende des 20. Jahrhunderts schließen mussten. Dass heute hier wieder eine Fördermaschine in Betrieb zu sehen ist und das Schachtgerüst erhalten wurde, ist ehrenamtlich engagierten Bürgern zu verdanken, die den Abriss in den 1980er-Jahren verhinderten. Nach dem Ende der Erzförderung wurde mehr als 300 Meter tief im Schacht noch Strom aus Wasserkraft erzeugt. Die Wassermassen stürzten in die Tiefe und trieben dort Turbinen an. Der erzeugte Strom wurde unter anderem im Erzbergwerk Rammelsberg in Goslar genutzt.

Wo die Förderseile laufen ...

Am Wochenende wird das Gelände in den Sommermonaten wiederbelebt. Die Förderseile laufen, eine kleine Grubenbahn bringt Gäste aus dem Ort heran. Besonders Abenteuerlustige können sich einer Führung unter Tage anschließen. Im Schacht selbst kann man allerdings nicht mehr in die Tiefe fahren. Nach Betriebsschluss wurde er mit einer 60 Meter starken Betonplombe verschlossen. Dennoch bieten sich genug Gelegenheiten, unter die Erde zu kommen. Die Stiftung »Welterbe im Harz« bietet verschiedene Führungen durch den Altbergbau an. Teils jahrhundertealte Stollen können im Schein der Taschenlampen »befahren« werden, wie der Bergmann sagt. Es ist eng, dunkel, kalt, matschig und nass. Watstiefel, die bis über die Knie reichen, verhindern nasse Füße, Helme schützen den Kopf. Hier handelt es sich um keine Museumsstollen, das hier ist echter Bergbau ohne elektrisches Licht. Bei diesen abenteuerlichen Touren können die Besucher gut nachfühlen, wie es den Alten ging, die im Schein ihrer Öllampen das begehrte Erz abbauten. Blei und Silber waren die Hauptbodenschätze, die tonnenweise ans Tageslicht gefördert wurden. Im Kaiser-Wilhelm-Schacht wurden hundert Jahre lang auch Zink und Blei abgebaut. Zeitweise kam ein Drittel der Bleiförderung in Deutschland aus dem Oberharz.

Königlicher Stollen

Unter dem Gelände fließt auch heute noch das Wasser aus den alten Grubenbauen bis nach Gittelde im südwestlichen Harz. Mehr als 40 Kilometer Länge misst der Ernst-August-Stollen, benannt nach König August I. von Hannover. Seit mehr als 170 Jahren entwässert er die Bergwerke. Auf einer Teilstrecke fuhren zu Betriebszeiten Kähne, die die Erze zum Ottiliae-Schacht brachten, wo sie ans Tageslicht gefördert und aufbereitet wurden.

TIPP

RUNDE RADSTUBE

Unweit des Ottiliae-Schachtes steht heute ein zeltförmiges Gebäude, unter ihm befindet sich die Runde Radstube. Hier lief ein Wasserrad der Grube Thurm Rosenhof, mit dem die Erztonnen an die Oberfläche gehoben wurden. Nahezu ohne Unterbrechung wurde an diesem Ort vom Beginn des 16. bis ins 20. Jahrhundert hinein Bergbau betrieben. Ursprünglich stand das Rad an der Erdoberfläche. Im Laufe der Jahrhunderte wuchsen jedoch die Abraumhalden rundherum immer weiter in die Höhe. Lange war die Anlage verschüttet, bis sie Anfang des 21. Jahrhunderts wiederentdeckt und freigelegt wurde. So können die Besucher heute über 20 Meter in die Tiefe schauen und eine der beeindruckendsten Anlagen des europäischen Bergbaus erleben.
Führungen siehe Oberharzer Bergbaumuseum:
www.oberharzerbergwerksmuseum.de

← Ein Turm in der Erde: So präsentiert sich die gewaltige Rosenhöfer Radstube.
↑ Ein abenteuerliches Erlebnis ist an Sommerwochenenden die Fahrt mit der Tagesförderbahn zum Ottiliaeschacht.

20

GOSLAR

DRAUSSEN VOR DEN TOREN

Die Altstadt von Goslar ist zusammen mit dem Erzbergwerk Rammelsberg und der Oberharzer Wasserwirtschaft UNESCO-Weltkulturerbe. Die meisten Besucher besuchen vor allem die Altstadt mit ihren pittoresken Fachwerkhäusern und beeindruckenden Kirchen.

Nur wenige gehen über die historische Stadtbefestigung hinaus. Doch gerade hier finden sich geheimnisvolle Orte fernab des touristischen Trubels. Das wusste schon Dichterfürst Goethe, der zusammen mit seinem Freund, dem bildenden Künstler Georg Melchior Kraus, am 2. September 1784 den Klusfelsen bei Goslar anlässlich seiner dritten Harzreise besuchte. Kraus fertigte von dem sagenumwobenen Sandsteinfelsen einige Zeichnungen an. Der Name Klus leitet sich übrigens von dem Wort Klause ab, einer Einsiedelei. Gut 50 Meter überragt der Felsen das Umland nahe des Breiten Tores bei Goslar. Der Sandstein hat sich vor 110 Millionen Jahren in einem

Meer gebildet und präsentiert sich heute dem Betrachter als wildromantische Erhebung. Die deutliche sichtbaren Schichtflächen und Klüfte geben einen klaren Hinweis auf seine unterseeische Entstehung und spätere Hebung. Der Felsen ist als Geotop geschützt und darf daher nicht beklettert werden. Hier bieten sich aber nicht nur für Geologen spannende Entdeckungen. Über Treppen kann man hinaufsteigen und gelangt im oberen Bereich zu einer kleinen Kapelle. Bereits 1167 wurde hier eine Marienkapelle geweiht. Nach der Reformation wurde der Raum als Wohnung genutzt und Anfang des 19. Jahrhunderts schließlich wieder als Kapelle. In den 1970er-Jahren verfiel sie, wurde aber 1983 wieder saniert.

Heidnischer Kultplatz

Um diesen Ort ranken sich viel Sagen. Der Klusfelsen soll ein kultischer Ort aus grauer Vorzeit sein. Manche vermuten eine Nutzung bereits in vorgermanischer Zeit. Ein Felsplateau vor der Kapelle zeigt eindeutige Bearbeitungsspuren. Hier wurde ein ebener Platz auf dem Felsen geschaffen. Auch die Nordausrichtung der Nische in der Kapelle soll auf einen ehemals heidnischen Kultplatz hinweisen: Hier sollen heidnische Gottheiten verehrt worden sein. Vertreter dieser Thesen stützen sich auf Felsbearbeitungen, in die sie mancherlei hineininterpretieren. Bewiesen ist von alledem nichts, aber es macht Spaß, oben am Felsen zu sitzen und Geschichten zu spinnen und der Fantasie freien Lauf zu lassen. Der Felsen selbst ist leichter zugänglich als seine Vergangenheit. Vom Altenheim am Osterfeld führt an der Rückseite ein Pfad nach wenigen Metern zu der Sandsteinerhebung.

Ruine auf dem Petersberg

Einmal oben angekommen, lohnt sich ein kurzer Spaziergang zur Ruine auf dem direkt anschließenden Petersberg. Im Gras finden sich Mauerreste des alten Stiftes St. Peter. 1527 wurden die Kirchen rund um Goslar von den Bürgern zerstört. Die Stadt sah sich von Heinrich II. von Braunschweig bedroht und wollte den anrückenden Feinden keine Gelegenheit geben, sich zu verschanzen. Bereits 27 Jahre vorher war rechtlich gesehen das Ende des Stiftes gekommen, nachdem die Stadt Goslar Verwalter geworden war. Die Auseinandersetzungen mit Heinrich führten in der Folge zum Vertrag von Riechenberg, durch den die Stadt Goslar weitreichende Rechte an den Erzgruben des Rammelsbergs verlor.

← Unweit der Wallanlagen erhebt sich das Kaiserhaus, der größte weltliche romanische Saalbau nördlich der Alpen.
↓ Grundmauern der Kirche auf dem Petersberg

TIPP

KLOSTER RIECHENBERG

In Richtung Langelsheim liegt in einem Wäldchen das Kloster Riechenberg. Neben dem Klostergut wohnen hier immer noch evangelische Mönche, die auch Gäste beherbergen. Die ehemalige Stiftskirche ist heute eine Ruine, deren Reste aber noch gut erhalten sind und von der einstigen Größe des Baus zeugen. Beeindruckend ist die romanische Krypta, die zu den schönsten ihrer Art in Norddeutschland gehört. Sie kann von Mai bis Oktober dienstags um 15 Uhr besichtigt werden. Einlass ist an der sogenannten Rosenpforte, die sich in der südlichen Klostermauer befindet. Eine Parkmöglichkeit gibt es am Klostertor und ist von der B 82 Richtung Langelsheim erreichbar.

WEITERE INFORMATIONEN

www.harzinfo.de/erlebnisse/tour/kloster-und-gut-riechenberg

21

LUTTER AM BARENBERGE

GESCHICHTE ZUM NACHFÜHLEN

Ruhig streicht der Wind durch die Getreidefelder. Futtersilos stehen inmitten der Felder. An Freitagnachmittagen ziehen die Wohnmobile von der BAB 7 über die Bundesstraße 82 in Richtung Goslar und an den Sonntagabenden wieder zurück. Eine idyllische Landschaft.

Leicht hüglig öffnet sich hier der Harz in sein Vorland. Kleine Wege führen zu den zahlreich vorhandenen Aussiedlerhöfen. Ein Paradies, auch für die 6000 Hühner, die hier in einem Biobetrieb im Sand scharren und frische Eier liefern. Am Horizont in Richtung Norden erhebt sich in der Ferne ein wehrhafter Turm. Er überragt die Burg Lutter, heute Heimat einer Kommune, aber am 27. August 1626 wichtiger Schauplatz einer der schwersten Schlachten im Dreißigjährigen Krieg. Die Katholische Liga unter ihrem Feldherrn, dem Obersten Heeresführer Tilly, traf hier auf

das Heer des Niedersächsischen Reichskreises und der dänischen Truppen unter König Christian IV. von Dänemark. Wo heute allenfalls mal ein knatterndes Motorrad auf der Bundesstraße die ländliche Ruhe stört, tobte im Sommer 1626 der Kampf zwischen gut 38 000 Soldaten. Nachdem die Dänen erkannten, dass sie die Schlacht zu verlieren drohten, verschanzten sich 2000 von ihnen in der Burg Lutter. Hier konnten sie allerdings nur kurz die Stellung halten und mussten sich bald ergeben.

Nach der verheerenden Schlacht soll der Boden rot vom Blut der Tausenden Gefallenen gewesen sein. Je nach Quelle wird von bis zu 8000 toten Kriegern berichtet. Wahrscheinlicher ist aber, dass nicht das Blut, sondern der rote Sand des in dieser Gegend vorherrschenden Buntsandsteins die Färbung hervorgerufen hat. Zwei Gedenksteine erinnern am Wegesrand an zwei der unzähligen Gefallenen. Einer steht direkt an der Bundesstraße 248 und markierte das Grab des Wissenschaftlers und Generals Freiherr Hans Philipp Fuchs von Bimbach. Der aus einem fränkischen Adelsgeschlecht stammende General, seit 1625 im Dienst des dänischen Königs, wurde in der Schlacht vom Pferd geschossen und erlag wenig später seinen Verletzungen. Seinem letzten Willen entsprechend wurde er nahe dem Schlachtfeld beigesetzt. Im 19. Jahrhundert wurde der Stein jedoch bei Straßenbauarbeiten an seine heutige Stelle versetzt und 1908 durch einen Gedenkstein ergänzt.

Wahrzeichen Bergfried

Der gut 30 Meter hohe Bergfried der Burg ist auch heute noch das Wahrzeichen des beschaulichen Ortes, der heute gerade mal 2000 Einwohner zählt und im Jahre 956 erstmals urkundlich erwähnt wurde. Vermutlich im 11. Jahrhundert wurde die Anlage als Wasserburg errichtet. 1270 ließ Bischof Otto I. sie ausbauen. Seitdem war sie eine Grenzburg des Stiftes Hildesheim. Im Mittelalter stark umkämpft, wechselte die Burg häufig die Besitzer. Später hatte sie die Funktion einer landwirtschaftlichen Domäne. Nachdem die Gebäude seit den 1960er-Jahren 17 Jahre leer standen und verfielen, kümmert sich heute eine Kommune um den Erhalt und die Restaurierung der historischen Bausubstanz. Auf Anfrage sind Führungen möglich. Einen Besuch wert ist auch die neugotische Kirche St. Georg in Lutter am Barenberge. Ein Blickfang ist das Taufbecken im Hauptschiff. Eine Besonderheit sind die aus dem 12./13. Jahrhundert stammenden Glocken, darunter die Ribernusglocke, die in der ungewöhnlichen Form eines Bienenkorbs gegossen wurde.

TIPP

GROSSSTEINGRAB »STEINKISTE«

Wenige Autominuten von Lutter am Barenberge entfernt liegt unweit des Bredelemer Waldes die sogenannte Steinkiste. Es handelt sich um ein Großsteingrab aus der späten Jungsteinzeit. 1959 wurde es in einem benachbarten Acker entdeckt. Diese Umgebung ist offensichtlich ergiebig für Funde, denn bereits 1830 stieß man bei Forstarbeiten in der Nähe auf Bruchstücke von Gefäßen aus der Steinzeit. Leider sind diese Gegenstände heute verschollen. Der Fund von 1959 zog jedoch umfangreiche wissenschaftliche Grabungen nach sich. Skelettteile von über 50 Menschen wurden ebenso geborgen wie Gerätschaften und Keramiken, deren Alter auf mehr als 5000 Jahre geschätzt wird. Der Fundort liegt etwa 200 Meter vom heutigen Standort entfernt. Am Feldrand stehen heute die Originalsteine in rekonstruierter Anordnung. Sichtbar ist, dass ein Deckstein fehlt. Archäologen gehen davon aus, dass als Abdeckung Holzstämme genutzt wurden. Am besten erwandert man das Grab von der Landstraße zwischen Langelsheim und Bredelem aus.

← Wo heute Getreidefelder wogen, tobte eine der schlimmsten Schlachten im Dreißigjährigen Krieg.
↑ Großsteingrab nahe dem Dorf Bredelem

Winterliche Impressionen: der nächtliche Blick über
die Eckertalsperre im Nationalpark Harz zum Brocken

22

GRANETALSPERRE

QUELL DES WEICHEN WASSERS

Zwischen Goslar und Langelsheim erstreckt sich die 219 Hektar große Granetalsperre. Von hier fließt Trinkwasser bis weit in den Norden des Landes. Bis nach Bremen reicht die längste Leitung, die auf ihrer Reise in die Hansestadt mit zusätzlichem Wasser aus anliegenden Grundwasserbrunnen aufgefüllt wird.

Eine weitere Leitung führt über Braunschweig nach Wolfsburg. Der mehr als 60 Meter hohe Damm staut das Wasser des Flüsschens Grane, der Bäche Varley und Wiehnbach und weiterer kleiner Zuflüsse. Das Einzugsgebiet hat eine Gesamtfläche von 234 Quadratkilometern. 1,8 Millionen Kubikmeter Material bilden seit 1969 den Damm, der auf seiner 300 Meter langen Krone von Wanderern, Radlern und Skatern überquert werden kann. Bis zu 46,4 Millionen Kubikmeter Wasser können gespeichert werden. Auf dem Weg vom Parkplatz auf die Dammhöhe kommen die Besucher am neugebauten Wasserkompetenzzentrum vorbei. Hier untersuchen die

Harzwasserwerke in ihren Laboren das Trinkwasser, bevor es auf seine Reise zu den Verbrauchern geschickt wird. Strom für den Eigenbedarf produziert die Anlage selbst. In einem Wasserkraftwerk am Fuß des Dammes stehen Turbinen mit einer Leistung von 180 Kilowatt. Weitere Kleinkraftwerke entlang der Transportleitungen in den Norden erzeugen mit der Wasserkraft aus dem Harz grünen Strom. Ein weiterer Nutzen der Anlage ist der Schutz vor Hochwasser. Die Talsperre wird so eingestaut, dass bei extremen Wetterlagen Überschwemmungen verhindert und Abflussspitzen entschärft werden können.

Zur Sicherung der Trinkwasserversorgung kann Wasser von der Okertalsperre durch den Oker-Grane-Stollen übergeleitet werden. Auf seinen über sieben Kilometern Länge sammelt er noch Wasser aus der Gose und dem Winterbachtal. Bei Bedarf kann zusätzlich Wasser aus der Innerste-Talsperre durch eine 4,6 Kilometer lange Rohrleitung zugeführt werden. Dieses System arbeitet aber nur bei Wasserknappheit in der Grane, da die Leitung über einen 100 Meter hohen Berg führt und deshalb viel Energie aufgewendet werden muss.

Refugium der Kreuzotter

Um den künstlichen See schlängelt sich nicht nur eine 14,5 Kilometer lange Forststraße. Die Umgebung ist auch Siedlungsgebiet der seltenen Kreuzotter. Diese Schlange mit dem markanten Zickzackmuster auf ihrem Rücken ist ab und zu vom Wegesrand aus zu beobachten. Lässt man sie in Ruhe, stellt sie keinerlei Gefahr dar. Wassersport und Baden sind allerdings verboten, da es sich um eine Trinkwassertalsperre handelt. Aus diesem Grund sind auch die direkten Uferbereiche für Besucher gesperrt. Lizensierte Angler dürfen jedoch hier ihrem Hobby nachgehen, wenn sie eine Sondergenehmigung vorweisen können, für die eine Unterweisung notwendig ist.

Von der Talsperre ins Trinkwassernetz

Ein Multi-Barrieren-System dient dem Gewässerschutz. Im Einzugsbereich bilden Trinkwasserschutzgebiete die erste Stufe. Die Größe der Talsperre ist der zweite Schritt. Hier kann sich viel Sediment absetzen, und das Wasser wird bereits auf natürliche Art gefiltert. Unerwünschte Stoffe werden verdünnt. Im Wasserwerk erfolgen vor der Abgabe ins Trinkwassernetz dann eine gründliche Reinigung, Filterung und Kontrolle.

← Abendstimmung an der Talsperre
↓ Im Dunst erhebt sich die Sonne über dem Nordberg und dem Staudamm.

TIPP

RUND UM DEN FORSTWEG

Auf dem knapp 15 Kilometer langen Forstweg um die Talsperre kann die Wasserfläche entspannt umrundet werden. Hier gibt es genug Platz für Fahrradfahrer und Wanderer. Da ein großer Teil der Strecke asphaltiert ist, finden auch Inlineskater hier optimale Bedingungen vor. Etwas abseits vom Trubel, der hier an sonnigen Wochenenden entstehen kann, liegen der Taubenstieg und der Untere Klippenweg am Osthang oberhalb der Forststraße. Vom Hang bieten sich herrliche Ausblicke abseits der ausgetretenen Pfade. Von dort kann man an vielen Stellen hinauf und hinab zum Rundweg steigen. Südwestlich bietet sich die Altarklippe für einen aussichtsreichen Abstecher an. Von hier reicht der Blick über den kompletten Stausee und den Damm bis ins Harzvorland.

23

POLSTERBERG

OBERHARZER WASSERWIRTSCHAFT

Im Oberharz ist Wasser allgegenwärtig. Manchmal fällt es vom Himmel. Gehasst als Regen, aber geliebt als Schnee und Grundlage für den Wintersport. Generell ist genug davon vorhanden, auch wenn die Folgen des Klimawandels auch hier immer deutlicher werden.

Wasser ist Leben und war über Jahrhunderte die Grundlage für den erfolgreichen Bergbau in dieser Region. Einst durchzog ein Netz von mehr als 500 Kilometer Gräben die Wälder rund um die sieben freien Oberharzer Bergstädte, Clausthal, Zellerfeld, St. Andreasberg, Lautenthal, Wildemann, Grund und Altenau. Aus mehr als 100 Teichen transportierten sie das Wasser zu den Gruben. Manche sammelten jeden Tropfen, der die Hänge hinablief.

Reich an Bodenschätzen

Der Oberharz gehörte zu den bedeutendsten Erzfördergebieten Europas. Hier fanden sich die tiefsten Schächte Deutschlands. Blei, Kupfer, später auch Zink und natürlich das als Münzmetall begehrte Silber wurde in mühevoller Arbeit ans Tageslicht gebracht. Als einzige Maschinen standen den Bergleuten in alter Zeit Wasserräder zur Verfügung. Jedes Bergwerk hatte mindestens zwei davon: ein sogenanntes Kunstrad und ein Kehrrad. Ersteres hatte wie ein hohes Mühlrad nur eine Laufrichtung. Tag und Nacht trieb es die Pumpen an, die das Wasser hoben und so die Gruben vor dem Absaufen bewahrten. Die Kunsträder hatten zwei gegenläufige Schaufelkränze. Je nachdem, welche Seite mit Wasser beaufschlagt wurde, konnten so die vollen Fördertonnen mit dem Erz nach oben gehoben oder abgesenkt werden. Wäre das Aufschlagwasser für diese Maschinerie ausgeblieben, hätte es das Ende des Bergbaus bedeutet. Ein funktionierendes Speicher- und Zuleitungssystem war also unerlässlich. So entstand im Laufe der Jahrhunderte die Oberharzer Wasserwirtschaft – ein System aus Teichen, Gräben und Wasserläufen, also unterirdischen Wasserstollen. Auf 200 Quadratkilometern Fläche ist daher eine einzigartige Kulturlandschaft zu erwandern, die von der UNESCO 2010 als Weltkulturerbe anerkannt wurde.

← Blick aus der Vogelperspektive auf das Polsterberger Hubhaus mit dem Dammgraben (re.)

Hubhaus – ein holzverkleidetes Kleinod

Auf engem Raum lassen sich viele Bestandteile dieser Anlage rund um das Polsterberger Hubhaus erleben. Von der Bundesstraße 242 zwischen Clausthal-Zellerfeld und Sonnenberg ist es nach einem kurzen Spaziergang erreichbar. Direkt an der Straße kann man auf dem Parkplatz Dammgraben parken. Das Hubhaus ist dort ausgeschildert. Früher war hier eine der zentralen Anlagen der Oberharzer Wasserwirtschaft untergebracht. Eine Pumpe im Keller des Gebäudes hob das Wasser aus dem Dammgraben 15 Meter höher in den Jägersbleeker Graben. Heute hebt man hier vor allem sein Glas, um sich bei gutem Essen zuzuprosten. Wirtin Beate Engel betreibt am historischen Ort seit mehr als 15 Jahren eine kleine, aber feine Waldgaststätte. Als Mitglied von Slow Food Deutschland e.V. legt sie Wert auf hochwertige Gerichte aus regionalen Produkten. Für sie war das Hubhaus selbst eine Entdeckung. Als sie auf einer Winterwanderung vor vielen Jahren hier vorbeikam, habe sie sich direkt in das holzverkleidete Kleinod verliebt. Damals lag es noch inmitten dichter Wälder. Das Umfeld hat sich in den letzten Jahren allerdings massiv verändert. Der Borkenkäfer hat als Folge der Klimaveränderungen den Fichtenwald wie vielerorts im Harz komplett zerstört, denn Insekten vermehren sich umso besser, je wärmer es wird. Der Blick reicht nun weit über die Hänge. Neue Ausblicke eröffnen spannende Perspektiven, und überall sprießt schon das Grün eines neuen Mischwaldes. Die Natur beginnt schnell die alten, durch den Bergbau entstandenen Fichtenmonokulturen zu ersetzen.

Von Pumpen und Speichern

Am Hubhaus startet der Welterbe-Erkenntnisweg »Pumpen und Speichern«. Der Rundweg vermittelt am authentischen Ort viel Wissenswertes rund um dieses zentrale Thema der Oberharzer Wasserwirtschaft. Hier kann man sehen, wie die Energieressource Wasser von weit her in Richtung Clausthal geleitet wurde. Dort waren mit den Gruben Carolina und Dorothea die ertragsreichsten Bergwerke im Oberharz. Zeitweise kam von hier ein Drittel der deutschen Bleiproduktion. Auf dem Weg erlebt man die Bergleute als Architekten und Techniker, die mit der Kraft des Wassers Wasser gehoben und weitergeleitet haben. Der Pfad führt vorbei an zwei alten Radstuben. Hier drehten sich die Wasserräder, die über ein Gestänge ihre Kraft den Hang hinauf zu den Pumpen des Polsterberger Hubhauses lieferten. Noch heute sieht man, wie kunstvoll die Menschen der alten Zeit diese Anlagen angelegt und ausgemauert haben. Es geht talwärts bis zum Polsterberger Teich. Hier wurde das von den Kunsträdern genutzte Wasser zwischengespeichert für weitere Aufgaben. Unterhalb lagen sogenannte Pochwerke. Hier zerkleinerten mechanische Schlagwerke das Roherz. Als erste Verarbeitungsstufe vor dem Schmelzen in Hüttenwerken konnte an dieser Stelle schon ein großer Teil des tauben Gesteins abgetrennt werden. Ein wichtiges Prinzip war es, jeden Tropfen Wasser mehrfach zu nutzen. Wie effektiv man dabei vorging, lässt sich hier mitten in der Kulturlandschaft direkt erfahren. Weiter geht es wieder hinauf. Der Blick schweift zum Brocken und zum Bruchberg. Hier entspringt das Wasser, das über den Dammgraben bis nach Clausthal geleitet wurde. Dieser Teil des Harzes ist besonders niederschlagsreich und das dortige Sammeln des Wassers hatte deshalb eine große Bedeutung. Weiter Richtung Westen geht der Pfad und folgt dabei den alten Grabenwegen bis zurück zum Polsterberger Hubhaus. Unterwegs informieren weitere Tafeln und Modelle über die Entwicklungen der Anlagen bis in den Beginn des 20. Jahrhunderts.

↖ ← Das Licht des Hubhauses lädt Wandernde ein, sich mit gutem Essen zu stärken und mit heißen Getränken aufzuwärmen.
↗ Beeindruckendes Relikt des Bergbaus: der Sperberhaier Damm

TIPP

SPERBERHAIER DAMM

Wer der Bundesstraße 242 weiter in Richtung Torfhaus folgt, kommt am Fuß des Sperberhaier Damms vorbei. Es lohnt sich, den Wagen am östlichen Ende zu parken und dieses technische Kunstwerk auf einem kurzen Spazierweg zu überqueren. Der Damm ist ein 23 Meter hohes Aquädukt, das den Dammgraben über eine Talsenke leitet. Bereits Ende des 17. Jahrhunderts gab es Planungen, dieses Hindernis zu überbrücken. Die Länge der Strecke von zwei Kilometern war damals allerdings unüberwindbar. In den Jahren 1732 bis 1734 wurde die Mammutaufgabe dann doch in Angriff genommen. Die Clausthaler Gruben litten unter Wassermangel, und so machten 200 bis 300 Arbeiter in kürzester Zeit das Unmögliche möglich. Mittlerweile sind große Teile der Wasserleitung verrohrt. Die ursprüngliche Bauweise mit einem offenen Graben zeigt sich jedoch noch auf den letzten 300 Meter der westlichen Seite.

WEITERE INFORMATIONEN

Dauer: ca. 2 Std.
Schwierigkeit: leicht
Strecke: 3,3 Kilometer
Auf-/Abstieg: 94 Meter
www.welterbeimharz.de/unterwegs-im-welterbe/welterbe-erkenntniswege

Station auf dem Welterbe-Erkenntnisweg »Pumpen und Speichern« nahe dem Polsterberger Hubhaus

24

SANKT ANDREASBERG

ENERGIE AUS DER TIEFE

Viele Wege führen nach Sankt Andreasberg. Ein besonders schöner ist die Wanderung entlang des Rehberger Grabens. Startpunkt ist der Oderteich, seit Juli 2010 ein Teil des UNESCO-Weltkulturerbes »Oberharzer Wasserwirtschaft«.

Dieser Stausee speichert seit 1722 das Wasser für den Antrieb der Wasserräder der Bergwerke von Sankt Andreasberg. Von hier fließt es durch den ausgemauerten Graben. Auf dem breiten Inspektionsweg führt die Wanderung über insgesamt neun Kilometer bis zur Grube Samson in Sankt Andreasberg. Ein herrlicher Weg im Nationalpark Harz, der Wanderer ebenso wie Mountainbiker erfreut.

Grüner Strom aus Wasserkraft

Sankt Andreasberg ist eine der ehemals freien Bergstädte des Oberharzes. Schon 1537 bekam der Ort das Stadtrecht verliehen und ist heute ein Stadtteil von Braunlage. Bereits im Jahr 1521 nahm die Grube Samson ihren Betrieb auf. Bis 1910 wurde hier nach Silbererz gegraben. Ertragreiche Phasen wechselten mit schlechteren Zeiten, aber noch in unserer Zeit beherbergen die historischen Betriebsgebäude einige Besonderheiten des Oberharzer Bergbaus. Tief unter der Erde summen heute noch Maschinen. Hier produziert der Energieversorger HarzEnergie grünen Strom aus der Kraft des Wassers, das durch den Rehberger Graben vom Oderteich strömt. Seit 1912 arbeiten die Turbinen des Kraftwerks Sieberstollen in einer Tiefe von 190 Metern. 1922 kam die Anlage Grüner Hirsch hinzu. Seit dieser Zeit kommt Sankt Andreasbergs Strom zu großen Teilen aus der Erde. Ursprünglich waren die Gruben mehr als 600 Meter tiefer. Damit war die Grube Samson eines der tiefsten Bergwerke der damaligen Welt.

So tief hinab und nach der Arbeit wieder hinauszusteigen, war für die Bergleute natürlich ein anstrengendes und gefährliches Unterfangen. In den Dreißigerjahren des 19. Jahrhunderts kam ein findiger Bergmann auf die Idee, die permanent laufenden Gestänge der Pumpen zu nutzen, um sich zwischen den Sohlen eines Bergwerks in Clausthal zu bewegen. Sein Name war Lichtenberg. Er hatte in die hölzernen Stangen eiserne Nägel geschlagen, auf die er sich stellte und mit den sich hebenden Kolbenpumpen nach oben fuhr. Das beobachtete der Oberbergmeister Georg Ludwig Dörell (1793–1854) und entwickelte auf der Grundlage dieser Idee 1833 die sogenannte Fahrkunst: eine Erfindung, die sich schnell verbreitete. Nicht nur in Deutschland, sondern auch in England und Norwegen nutzen die Arbeiter diese Erleichterung. Das Funktionsprinzip dieser Anlagen ist einfach. An Stangen, die auf und ab laufen, sind Stehbretter und passende Haltegriffe befestigt. Während sich eine Seite der Fahrkunst nach unten bewegt, läuft die andere nach oben. Man steigt auf, wird nach oben getragen und tritt, wenn das Gestänge die Richtung wechselt, auf die andere Seite über. Diese läuft dann nicht mehr nach unten, sondern nach oben. Das liest sich komplizierter, als es ist. Seit 1837 läuft in der Grube Samson eine Fahrkunst. Noch heute fahren die Techniker des Energieversorgers mit ihr zu den Kraftwerken ein.

→ Wie Wasserkraft in früheren Zeiten genutzt wurde, zeigt das Kehrrad in der Grube Samson.

← Besucher können einen Blick auf die einzige funktionierende Fahrkunst weltweit werfen, die heute noch genutzt wird.
↘ Übertageanlagen des Bergwerks

Schon lange haben Drahtseile die Holzgestänge ersetzt, aber das Prinzip ist das gleiche wie vor fast 200 Jahren. Diese Anlage ist die einzige noch genutzte Fahrkunst weltweit. Besucher können das Gefühl in einer Simulation selbst erleben. Der Schacht wurde dreidimensional gescannt und ist so mit einer Virtual-Reality-Brille für alle erlebbar: Fahrkunstfahren ohne Risiko.

Kehrrad & Kunstrad

Wie die Kraft des Wassers in alter Zeit genutzt wurde, vermitteln zwei beeindruckende Wasserräder, die am authentischen Ort erlebt werden können. Eines der Räder diente der Förderung. Als Kehrrad hat es zwei gegenläufige Schaufelkränze, die es ermöglichen, es links herum und rechts herum drehen zu lassen, um die Tonnen im Schacht zu heben und abzusenken. Das andere, ein sogenanntes Kunstrad, bewegte die Pumpen und die Fahrkunst. Wasserräder waren jahrhundertelang die einzigen Antriebsmaschinen, die den Bergleuten zur Verfügung standen. Um sie in Bewegung zu halten, gab es über 100 Teiche, die – wie unser Startpunkt, der Oderteich – Energie in Form von Wasser speichern und mit einem System aus Gräben von über 500 Kilometern Länge untereinander und mit den Bergwerken verbunden waren. Die Nutzung dieser Wasserenergie, so wie sie in der Grube Samson heute noch mithilfe des alten Speicher- und Transportsystems stattfindet, ist einmalig im Harz.

Die Rückkehr der Wildnis

Nur wenige Schritte vom Besucherbergwerk entfernt liegt das Gebäude der ehemaligen Erzwäsche. Hier wurden die silberhaltigen Erze weiterverarbeitet. Heute lädt hier das Nationalparkhaus Sankt Andreasberg die Besucher ein, sich über Flora und Fauna im Harz zu informieren. Der Naturschutzbund Deutschland (NABU) betreut dieses Haus für den Nationalpark Harz. Die Ausstellung steht unter dem Motto »Die Rückkehr der Wildnis«. Zahlreiche Mitmachstationen laden zum Lernen und Erfahren ein. Seit 1989 werden hier Informationen statt Erze aufbereitet. Es wird erlebbar, wie der Bergbau der Natur geschadet hat, welche Tiere früher hier lebten und welche heute noch oder wieder durch die Wälder streifen. Der Nationalpark zeigt, wie Natur wieder Natur werden kann und was hinter der Nationalparkidee steckt. Die Mitarbeiter des Hauses und die Ranger bieten regelmäßig Führungen und Exkursionen im Haus, aber auch draußen in der vielfältigen Natur an.

TIPP

IM REICH DER FLEDERMÄUSE

Die Umgebung von Sankt Andreasberg ist auch bei Fledermäusen beliebt. Im »FledermausReich« informiert das Nationalparkhaus über die kleinen geflügelten Säugetiere. Im Sommer nehmen die Nationalparkmitarbeiter die Besucher mit auf Fledermaussafari. Nach einer kurzen theoretischen Einführung über das Leben der schnellen Flatterwesen geht es hinaus in deren Lebensraum. Im nahen Kurpark kann man dabei mit etwas Glück diese faszinierenden Lebewesen sehen, aber auf jeden Fall mit fachkundiger Führung hören. Mit einem sogenannten Batdetektor verlangsamen die Ranger die schnellen Tonfolgen, die die Fledermäuse aus Schallradar aussenden. So können auch menschliche Ohren die Töne vernehmen. Bei diesen Touren wird natürlich auch die Frage beantwortet, ob es im Harz Vampire gibt. Es lohnt sich, mutig durch die Nacht zu gehen und zu lauschen.

WEITERE INFORMATIONEN

Grube Samson
Samson 2, 37444 St. Andreasberg
www.grube-samson.de
Besichtigung nur bei Führungen

Nationalparkhaus Sankt Andreasberg
www.nationalparkhaus-sanktandreasberg.de

Wie im Oberharz jahrhundertelang Erz abgebaut wurde, wird im Bergwerksmuseum Grube Samson gezeigt.

77704 OBERKIRCH-TIERGARTEN

25

ZORGE

GEISTREICHER HARZ

Zorge ist ein lang gestrecktes Dorf an der Straße zwischen Braunlage und Nordhausen. Mitten im Ort konnte sich eine der besten Whiskydestillerien Deutschlands etablieren. Seit Anfang des 21. Jahrhunderts entstehen hier, unweit des Elsbaches, hochprozentige Spezialitäten.

Der erste Harzer Single Malt Whisky wurde 2002 in die Fässer gefüllt. 2005 erblickte er dann das Licht der Welt, denn Whisky muss nach gesetzlicher Vorgabe drei Jahre in Holzfässern reifen. Harz und Whisky passen wunderbar zusammen, meint Anna Katharina Buchholz. Sie sorgt für den perfekten Geschmack und die optimale Herstellung des »Wasser des Lebens«. Mit 18 Jahren übernahm sie das Geschäft von ihrem Vater, der vorher in Wieda diverse feine Spirituosen, aber keinen Whisky gebrannt hat. Das in sie gesetzte Vertrauen hat sich gelohnt, wie die Zeit zeigte. Die Produkte der Hercynian Distilling Co. gehören heute zur ersten Riege in der Whisky-Welt. Es ist ein rundum regionales Produkt. Das Wasser fließt vor der Tür vorbei, die Gerste wächst rund um den Harz, die Flaschen kommen aus der Fachwerkstadt Holzminden. Wenn man mit einem Zirkel einen Kreis um Zorge schlägt, kann man die Lieferanten der Ausgangsprodukte ebenso erfassen wie die Kunden. Kernvertriebsgebiet ist Deutschland, auch wenn die eigenen Produkte international einen guten Ruf haben. Sonderedition gibt es teilweise nur direkt vor Ort und nicht im Versand. Große Mengen darf man dennoch nicht kaufen. Whisky soll ein Genussmittel bleiben und kein Spekulationsobjekt werden. Die »Mistress of Distilling« findet Whisky als Anlageobjekt obskur.

← Ein Kupferkessel, in dem der Whisky seinen unvergleichlichen Geschmack erhält, ist das Kernstück einer jeden Destillerie.

Ihre Passion für Gebranntes aus dem Norden basiert auf Anna Katharina Buchholz Interesse an Aromen, Düfte und der Liebe zum Produkt. Das sei wie die Passion eines Parfümeurs. Anfangs wäre sie gerne nach Schottland gefahren, um in der Heimat des Malt Whisky in einer der Destillen zu hospitieren. Es kamen nur Absagen. Wahrscheinlich war die Angst zu groß, das jahrhundertealte Wissen nach außen zu tragen. Das war im letzten Jahrhundert schon einmal schief gegangen, als 1918 der japanische Unternehmer Masataka Taketsuru in die Highlands reiste, um dem Geist des Scotch auf den Grund zu gehen. Anna Katharina Buchholz schaffte es auch ohne schottischen Anschub, sich genug Wissen anzueignen, um ihre Produkte weit nach vorne zu bringen. Jährlich werden im Tal der Els 60 000 bis 65 000 Flaschen abgefüllt. Weiter möchte man nicht wachsen. »Die Zeit an der Brennblase ist ungleich wertvoller als die im Büro.«

Experte in der Gin-Welt

Schon die Zisterziensermönche in Walkenried werden Hochprozentiges destilliert haben, was bis in die heutige Zeit im Harz erhalten blieb. In Nordhausen ist mit der Echter Nordhäuser Traditionsbrennerei nicht nur ein großes Unternehmen angesiedelt, das auf eine lange Erfahrung in der Kornbrennerei zurückblicken kann, auch neue Mitbewerber machen den Markt interessant. 1726 waren allein in Nordhausen 70 Brennereien verzeichnet. Heute ist, neben der Kornbrennerei, dort auch die kleine, aber feine Ginmanufaktur des Destillateurmeisters Thomas Schneider ansässig. Sein Luchs Gin hat in der Gin-Welt schnell eine große Liebhabergemeinde gefunden. In einem Keller wird hier durchgängig von Hand vom Befüllen des Brenngerätes bis zum Etikettieren der Flaschen mit hohem Sachverstand und Liebe zum Produkt gearbeitet.

Eine Arbeitsweise, die auch die Hercynian Distilling Co. auszeichnet. Der Unterschied zwischen einem Brenner und einem Destillateur ist wie der zwischen einem Bäcker und einem Konditor. Beide arbeiten mit Mehl, und beide stellen ein großartiges Produkt her. Vom Start an konnte Buchholz auf einem guten Fundament aufbauen. Ihr Vater hatte die nötige Ausrüstung, die Genehmigungen vom Zoll lagen vor, und schon als Jugendliche hatte sie in das Handwerk hineingeschnuppert. Begonnen hat die abenteuerliche Reise in der historischen Hammerschmiede in Wieda, mit der Sorte Elsburn, dem mildesten Whisky, der damals noch »The Glenn Els« hieß. Mittlerweile wird er ergänzt durch »Willowburn«, „The Alrik« und »Emperor's Way«. Letzterer ist der kräftigste Single Malt, der in Zorge hergestellt wird. Jedes Jahr gibt es besondere Abfüllungen in streng limitierter Menge. Diese sind meist schnell ausverkauft, wie zuletzt die Elsburn »Mistress of Distilling Series« in Latex mit Lederhalsband. Das Auge trinkt bekanntlich mit! Der Whisky war zehn Jahre in einem von Annas *private casks* gelagert. Eine gute Fasslagerung ist schließlich ein wesentlicher Punkt in der Herstellung eines guten Whisky.

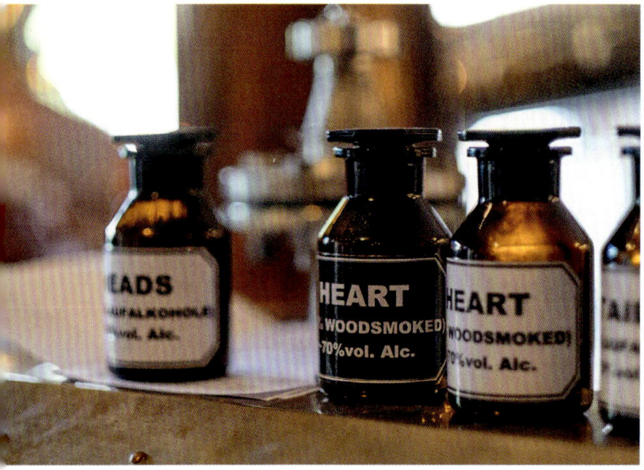

Vom Korn zum Whisky

Die Herstellung von Whisky ähnelt zu Beginn dem Brauen von Bier. Das ganze Korn wird zuerst in der hauseigenen Malzmühle geschrotet, also grob gemahlen. Dann wird es mit 75 °C heißem Wasser versetzt. So entsteht die Maische. In verschiedenen Maischeprozessen beginnt die Gärung durch den Zusatz von Hefe. Anschließend erfolgt die zweifache Destillation. Die zweite Destillation ist der wichtigste Schritt, denn hier werden gesundheits- und aromaschädliche Vorlauf- *(Heads)* und Nachlaufalkohole *(Tails)* abgetrennt. Das Herzstück, von der Fachfrau *Heart* genannt, entsteht. Wann zwischen diesen Phasen getrennt wird, entscheidet die »Mistress of Distilling« oder ein erfahrener sogenannter Stilman. *Heart* hat eine alkoholische Stärke von 69 bis 72,6 Prozent. Diese wird mit Quellwasser auf 60 Prozent reduziert. Der »New Make« ist entstanden und wird anschließend in Fässern gelagert, um dort mindesten drei Jahre zu reifen. Laut EU-Vorschriften dürfen die Fässer übrigens nicht mehr als 700 Liter fassen und müssen unbeschichtet sein. Alle Fässer in Zorge sind aus Eiche. Sie tragen 65 Prozent zum Charakter des fertigen Produktes bei.

↖ *Heart* und *Lead* zu trennen ist die Kunst der Brennerin.
← Kupfer fanden die Bergleute früher im nahen Sankt Andreasberg und Besucher heute in der Destillerie.
↗ Die richtige Fasslagerung macht den Whisky erst perfekt und sorgt für Aromenvielfalt.

TIPP

DESTILLERIE-TOUREN

Unbedingt lohnend sind die Touren mit der »Mistress« durch die Destillerie. Die Brennverantwortliche erläutert ihren Gästen dabei die einzelnen Schritte des Herstellungsprozesses und lässt sie an ihrem fundierten Fachwissen teilhaben. Den Abschluss des Tasting bildet ein erlesenes Line-up, das, wenn es das Wetter zulässt, direkt im Fasslager stattfindet. Anna Katharina Buchholz stimmt die zu probierenden Whiskys dabei jedes Mal neu auf den speziellen Tag und das aktuelle Klima ab.

Anna Katharina Buchholz, »Mistress of Destilling« der Hercynian Distilling Co.

26

OKERTAL

RUNDE FELSEN UND DUNKLES WASSER

Tief eingeschnitten zieht sich das Okertal bei Goslar durch den Harz – eine Landschaft aus Fels, Wasser und Wald. Diese Gegend gehört wohl zu den romantischsten Landschaften im ganzen Westharz. Vom Waldhaus bis zur Mausefalle kann sich der Wanderer hier auf vielfältige Wege begeben.

Dieses Tal ist Teil des Naturparks Harz und beherbergt zahlreiche schutzwürdige Tier- und Pflanzenarten. Es ist aber auch ein Eldorado für Outdoor-Sportler. Wanderer, Mountainbiker, Kletterer, Kajakfahrer – sie alle finden hier ein ideales Revier (RECHT hat hier die Natur!), und für alle ist genug Platz, um ihre individuellen Sportarten zu betreiben – mit Rücksicht auf die Natur. Zwischen alledem fließt der Fluss Oker, und über den Besucher ziehen Wanderfalken ihre Kreise. Seit vielen Jahren nisten die Greifvögel wieder im Tal. Eine besondere Attraktion ist

der Wasserfall in Romkerhall. 70 Meter stürzt hier das Wasser in Kaskaden in die Tiefe. Es handelt sich allerdings um kein natürliches Phänomen, sondern um einen künstlich angelegten Wasserfall, als Touristenattraktion. Gespeist wird er vom Flüsschen Kleine Romke, der einem Gebirgsbach ähnelt. Auch im Winter können Wagemutige sich hier sportlich betätigen: Seine bizarren Eisformationen schaffen nach langen Kälteperioden Möglichkeiten für erfahrene Kletterer, mit Steigeisen und Pickeln an ihnen emporzukraxeln. In den wärmeren Jahreszeiten ist das idyllische Okertal eines der Hauptklettergebiete in Norddeutschland. Da ist es nicht verwunderlich, dass hier an schönen Sommertagen Sportkletterer aus Hannover, Hamburg und Berlin anzutreffen sind, die versuchen, die verschiedenen bizarren Granitfelsen zu erklimmen. Vom Anfänger bis zum Profi finden sich alle Schwierigkeitsgrade.

Verschlungene Pfade

Wanderer können das romantische Bergtal auf verschlungenen Wegen erforschen. Auf der Verlobungsinsel mitten im Flusslauf der Oker, einem wunderschönen Platz für eine Rast, findet sich dabei auch ein Stempel der »Harzer Wandernadel«. Etliche Steige führen über Brücken und Treppenkonstruktionen, die eng an den Felsen gebaut sind. Hier schaffen ehrenamtlich tätige Mitglieder des Harzklubs in stundenlangem Freizeiteinsatz eine perfekte Wanderinfrastruktur.

Terrain für Taucher und Kanuten

An seinem südlichen Ende wird das Tal von der Staumauer der Okertalsperre durchzogen. Die einzige Bogengewichtsmauer in Deutschland staut hier das Wasser der Oker und weiterer Zuflüsse auf einer Fläche von über zwei Quadratkilometern auf. Oben verkehrt ein Ausflugsschiff im Linienbetrieb, tief unten im dunklen, kalten Wasser tummeln sich die Sporttaucher. Stellenweise finden sie noch die Grundmauern des Ortes Schulenberg, der im Sommer 1954 der Talsperre weichen musste und geflutet wurde. Die Bewohner wurden umgesiedelt und leben jetzt weiter oben am Berg mit herrlichem Blick über den Harz und die Talsperre. Wenn das Wasser in das Kraftwerk bei Romkerhall abgelassen wird, freuen sich die Kanuten. Dann geht es aufs Wildwasser. Wassermassen von bis zu 6,6 Kubikmetern pro Sekunde verwandeln das liebliche Bächlein in einen reißenden Bergbach. Auf rund zwei Kilometern entsteht so die anspruchsvollste Wildwasserstrecke Norddeutschlands.

TIPP

WANDERUNG ZUR AHRENDSBERGER KLIPPE
Einen großartigen Überblick über das Okertal bietet eine Wanderung zur Ahrendsberger Klippe. Von hier blickt man nach Süden durch das Tal bis nach Oker und in das Harzvorland. Eine kleine Schutzhütte, die Hallesche Hütte, bietet Zuflucht bei Regen und einen Stempel der »Harzer Wandernadel«. Der Partnerverein des örtlichen Harzklub-Zweigvereins aus Halle an der Saale stiftete sie einst. Wer diesen Platz auf 586 Metern Höhe erreichen will, hat zwei Möglichkeiten: Entspannt geht es langsam und stetig bergauf von der Staumauer der Okertalsperre. Abenteuerlicher und deutlich steiler führt jedoch der sogenannte Jägersteig hinter dem Kraftwerk in Romkerhall nach oben. 220 Höhenmeter sind hier auf kurzer Wegstrecke zu überwinden. Manche Wandersleute nennen die Hallesche Hütte wegen dieses schweißtreibenden Aufstiegs auch »Höllische Hütte«.

← Wildromantisch rauscht die Oker zwischen den Felsen dahin, wenn im Kraftwerk das Wasser läuft.
↑ Die Granitfelsen sind ein Paradies für Kletterer in allen Schwierigkeitsstufen. Sie ziehen Sportler von nah und fern an.

27

MECHTSHAUSEN

WILHELM BUSCHS LETZTE JAHRE

Unweit von Seesen liegt das idyllische Dorf Mechtshausen. Kleine Fachwerkhäuser gruppieren sich um die trutzige Nicolaikirche. Im Schatten ihres wehrhaft scheinenden Turms geht das Leben seinen beschaulichen Gang. Rund um das Dorf ziehen sich Felder und Weiden über die sanften Hügel des Vorharzes.

»Stets findet Überraschung statt, da, wo man's nicht erwartet hat.« Dieses Zitat stammt aus der Feder eines der bedeutendsten deutschen Karikaturisten und Dichters: Wilhelm Busch. Die Nummer sieben im Pastor-Nöldeke-Weg in Mechtshausen war sein letzter Wohnsitz. Im ehemaligen Pfarrhaus lebte Heinrich Christian Wilhelm Busch in den letzten zehn Lebensjahren bis zu seinem Tode am 9. Januar 1908. Er war der Onkel des damaligen Pfarrers Otto Nöldeke. »Das Pfarrhaus ist neu und geräumig; an der Südseite stehen alte Bäume; dann kommt der sehr große Obst- und Gemüsegarten, von wo man hinaus in den Harz sieht«, schrieb Busch im November 1898 an Johanna Kessler, bei der sein jüngerer Bruder Otto als Hauslehrer in Frankfurt seit 1867 arbeitete und in deren Haus Wilhelm von 1869 bis 1871 wohnte. Mit Johanna, der er aus Dankbarkeit für ihre Gastlichkeit eine Büste widmete, pflegte Busch einen regen Briefwechsel.

Auf den Spuren eines Einzelgängers

Der große Zeichner und humoristische Dichter, geboren im niedersächsischen Städtchen Wiedensahl, bewohnte in Mechtshausen zwei bescheidene Räume im Erdgeschoss, die heute noch zu besichtigen sind. Im Obergeschoss finden wechselnde Ausstellungen zeitgenössischer Kunst statt. Busch schätzte die abgeschiedene Lage. Einzelgänger, der er war, sah man ihn nicht oft im Dorf, dafür umso mehr auf Spaziergängen in der Natur. Er liebte den Obstgarten des Hauses, und noch heute tragen die Kirschbäume, die er in seinen Briefen erwähnte, Früchte. Zahlreiche Veranstaltungen halten den Ort über das Jahr lebendig: Vom Gartenfest im Frühjahr über Kunstworkshops hin zu Konzerten sorgt der rührige Förderverein für ein buntes Programm. Mittels einer Audiostation kann man Buschs Briefen und Gedichten lauschen, während man in den Garten blickt. Ein kleiner Shop verkauft Bücher und andere Andenken.

Max und Moritz weisen den Weg

Busch, der ursprünglich Maler werden wollte, gilt als Erfinder des Comics – Bilder- und Textgeschichten, die zusammen als Ganzes stehen. Sein Schaffen in den letzten Lebensjahren war jedoch vorrangig der Lyrik und der Prosadichtung gewidmet, beeinflusst von der Philosophie Arthur Schopenhauers. Seit 2001 weisen seine berühmten Geschöpfe, die Lausbuben *Max und Moritz*, auf dem Platz vor der Kirche den Reisenden den Weg. Als lebensgroße Bronzeskulptur deuten beide ganz im Sinne ihres humorig-tiefsinnigen Schöpfers, der im richtigen Leben ein ernster und zurückgezogener Mensch war, in Richtung seines letzten Wohnsitzes und zum Friedhof. Wilhelm Busch starb im Alter von 75 Jahren und wurde unweit seiner letzten Wohnung zur letzten Ruhe gebettet. Auf dem schattigen, fast romantisch anmutenden Dorffriedhof ist seine Grabstätte leicht zu finden. Ein Findling dient als Wegweiser. Ein schlichter Stein kennzeichnet seine letzte Ruhestätte. Keine Jahreszahl, keine Berufsbezeichnung, nur ein in den Stein gehauener Kranz und sein Name.

← Als lebensgroße Skulpturen weisen Max und Moritz den Weg zu Wilhelm Buschs letztem Wohnhaus und zu seinem Grab.
↓ Der Autor wohnte in schlichten Räumen. Noch heute ist ihre Originaleinrichtung erhalten.

TIPP

RUINE BURG WOHLENSTEIN

Unweit von Mechtshausen erhebt sich im Laubwald die Ruine der Burg Wohlenstein. Ein kurzer Spaziergang vom Sportplatz in Bilderlahe auf den Höhenzug Heber führt zu den Resten eines einst gewaltigen Bergfrieds. 1295 als Lehen der Äbtissin von Gandersheim erbaut, fiel die Anlage 1357 an den Bischof von Hildesheim. Herzog Erich I. von Calenberg-Göttingen eroberte die Höhenburg im Mai 1519 und zerstörte sie nahezu vollständig. Ihre Mauersteine wurden zum Bau des Vorwerks Heber und der Wirtschaftsgebäude der Domäne Bilderlahe verwendet. Wer sehen will, wie die Gebäude auf dem Berg zu ihren Hochzeiten aussahen, muss nach Hildesheim reisen. Auf der Grabplatte des Bischofs Heinrich III. ist seine Burg dargestellt.

WEITERE INFORMATIONEN

Förderkreis Wilhelm-Busch-Haus Mechtshausen e.V.
Pastor-Nöldeke-Weg 7
38723 Seesen-Mechtshausen
www.wilhelm-busch-haus.de

Überbleibsel aus der Kreidezeit: die Gegensteine bei Ballenstedt, Ausläufer der Teufelsmauer (im Bild der Große Gegenstein mit dem Gipfelkreuz)

DER NORDEN

Von Mühlen und »weißem Gold«, Ausgrabungen und schroffen Sandsteinfelsen, einem Frauenstift, einem filmreifen Schloss und vielen schwarzen Schafen

28

ABBENRODE

EIN ORT VOLLER WASSERKRAFT

Durch die kleine Nordharzgemeinde Abbenrode plätschert das Flüsschen Ecker. Hier bringt es so viel Energie mit sich, dass es mindestens seit der Mitte des 12. Jahrhunderts im Örtchen klappert. An verschiedenen Standorten nutzen Mühlen die Wasserkraft.

Die mittelalterliche Klostermühle wurde 1973 abgerissen. Ihr folgte die Wassermühle Hinze, die erstmalig im Jahr 1331 schriftlich erwähnt wird. Aus dem Jahr 1607 stammt die Wassermühle Zimmermann. Als Papiermühle gestartet, wurde sie 1855 zur Getreidemühle umgebaut. Ab 1830 war die Mühle im Besitz einer Familie, bis diese 1962 in der DDR enteignet wurde. Eine weitere Besonderheit ist die Wassermühle Scheel am Mühlenwinkel.

Die Bauzeit dieser Sägemühle liegt im Dunkeln. Von hier kam jedoch 1905 der erste elektrische Strom des Ortes. Die letzte der Mühlen war die Wassermühle Otto. Insgesamt bringt es das Dorf also auf sechs Mühlen. Wahrscheinlich waren es noch viel mehr, ihre Standorte sind jedoch nicht mehr bekannt. Ein Themenwanderweg führt zu den genannten Mühlen. Informations- und Schautafeln informieren über die intensive Nutzung grüner Energie durch unsere Vorfahren.

Unterwegs auf dem Mühlenweg

Auf dem Mühlenwanderweg erfahren Besucher nicht nur alles über die Nutzung der Wasserkraft, sondern auch vieles über die hergestellten Produkte – Getreide, Papier, Öl, Futter, Holzmehl, Elektrizität – und die dafür notwendigen Techniken. Auf drei Kilometern Länge verbindet der Weg die Standorte der Mühlen Zimmermann, Hinze, Siebrecht (von 1604), Brauer, Scheel und Otto. Während etliche der alten Mühlen abgerissen wurden, konnte die Mühle Otto umfangreich restauriert werden. Am Mühlentag (Pfingstmontag) und am Tag des offenen Denkmals (2. Sonntag im September) findet ein Schaumahlen statt, dann setzen sich die großen Zahnräder und Mühlsteine zur Freude der großen und kleinen Besucher wieder in Bewegung. Das Mahlwerk in dem kleinen Fachwerkhaus wurde instandgesetzt und vermittelt heute ein lebendiges Bild historischer Arbeitswelten. Das Wasserrad aus massiver Eiche besitzt einen Durchmesser von 2,50 Metern. Über eine Welle, die ebenfalls aus Eiche gebaut ist, treibt es eiserne Kamm- und Stirnräder an, deren Zähne aus dem Holz der Hainbuche gefertigt wurden. Die Anlage hat drei Mahlgänge und wurde ursprünglich für Sägemehl- und Schrotherstellung genutzt. Die Mühlsteine sind heute aus einem Kunststeingemisch hergestellt. Französischer Süßwasserquarzit sitzt auf Beton als Trägermaterial. Lager und Läufersteine haben einen Durchmesser von etwas über einem Meter. Mit 180 Umdrehungen in der Minute rotiert der Läuferstein. So konnten pro Tag 25 bis 30 Doppelzentner, also bis zu 3,5 Tonnen in zwölf Stunden gemahlen werden. In der »Tollkiste« sammelte der Müller seinen Anteil. Diese hieß nicht etwa so, weil er hier besonders tolles Mehl abzweigte, sondern weil sein Anteil, quasi eine Art Zoll – der »Toll« – war, mit dem er bezahlt wurde.

Wer immer noch nicht genug von Mühlen hat, der findet in der Umgebung von Abbenrode, im Wippertal nördlich von Aderstedt, Überreste der Zörnitzer Wassermühle, die bereits im 12. Jahrhundert urkundlich erwähnt wurde.

← Mühlsteine müssen ständig neu geschärft werden. Das nötige Werkzeug liegt bereit, um ein perfektes Mahlergebnis zu garantieren.
↓ Im Landcafé Grünspan gibt es Kaffee und Kuchen in einzigartigem Ambiente.

TIPP

CAFÉ GRÜNSPAN & CO.

Nach einer ausgiebigen Mühlenwanderung lohnt sich in Abbenrode ein Besuch des Floristik- und Scheunencafés Grünspan. In bezauberndem Ambiente verwöhnen die Inhaberin, Christiane Pape und ihr Team, die Besucher mit selbst gebackenem Kuchen und Torten. Flower Power verheißt der angeschlossene Floristikladen mit Blumensträußen und Gestecken für jeden Anlass. So kann man nicht nur ein paar Gramm mehr auf den Hüften, sondern auch einen fröhlichen Blumengruß aus dem »Grünspan« mitnehmen. Ergänzt wird das Angebot in der ehemaligen Scheune durch allerlei hübsche Accessoires.

WEITERE INFORMATIONEN

Wassermühle Otto
Im Winkel
38871 Nordharz OT Abbenrode
www.abbenrode-harz.de/muehlen-wanderweg.html
Besichtigung der Mühle Otto nach Voranmeldung möglich
Tel. 03 94 52/92 70 oder 0160/90 44 67 73 (Andreas Weihe)

29

SCHLADEN

DIE SÜSSESTE PFALZ

Im Herbst weist eine weiße Dampfwolke den Weg: Wenn die Zuckerkampagne läuft, schwebt sie als weithin sichtbares Zeichen über der kleinen Stadt zwischen Wolfenbüttel und Bad Harzburg. Hier am Übergang zwischen Magdeburger und Hildesheimer Börde entsteht aus Rüben »weißes Gold«.

Schon seit 1870 wurde hier produziert. Damit gehört das Werk in Schladen zu den ältesten im Braunschweiger Land. Rübenanbau hat Tradition, und nur wenige Feldfrüchte sind so gut erforscht wie *Beta vulgaris,* die Zuckerrübe. Die Firma Nordzucker betreibt unweit von Schladen in Braunschweig sogar ein eigenes Institut, das sich um die Entwicklung und Verwertung dieses für die Region sehr wichtigen Agrarproduktes kümmert. Als Napoleons Kontinentalsperre die Einfuhr von Rohrzucker massiv verteuerte, begann der Aufstieg der Zuckerrübe. Heute ist bereits das Saatgut Hightech. Umgeben von allem, was eine Rübe zum Anwachsen braucht, werden die kleinen Pillen in den Boden gebracht. 40 bis 80 Tonnen können dann im Herbst auf dem Hektar Land geerntet werden. Moderne Sorten haben übrigens einen Zuckergehalt von 17 bis 19 Prozent. Im 18. Jahrhundert lag dieser Wert bei nur vier Prozent.

Weißes Gold

Im Jahr 1870 gründeten 45 Landwirte um Schladen eine Aktiengesellschaft zum Bau einer gemeinsamen Zuckerfabrik mit einem Kapital von insgesamt 120 000 Talern. Viele Zuckerfabriken entstanden in dieser Gesellschaftsform, und noch heute sind etliche Nachfahren der damaligen Gründer Mitinhaber. Im letzten Jahrhundert fielen jedoch immer mehr Standorte weg. Verbesserte Transportmöglichkeiten taten ein Übriges. Heute kommen die meisten Rüben nicht mehr auf dem Ackerwagen hinter Traktoren, sondern per Sattelzug in die Fabrik. Der Standort Schladen wurde kontinuierlich modernisiert. 2017 begann hier neben der Verarbeitung konventionell angebauter Rüben die Produktion von Biozucker. 2020 wurden 11 000 Tonnen pro Tag angeliefert, im Jahr der Gründung waren es 8200 Tonnen. 48 Stunden nach dem Abkippen vom Lkw rieselt der fertige Zucker in die Säcke, nachdem er einen etwa zwei Kilometer langen Prozessweg durchlaufen hat.

Auf geschichtsträchtigem Boden

Einen guten Blick auf das Werk und die endlosen Kolonnen der Lastwagen, die im Herbst die Rüben von den Äckern zur Fabrik transportieren, hat man von einer benachbarten Anhöhe aus. Hier befindet man sich auf geschichtsträchtigem Boden und blickt weit ins Land auf die Zuckerfabrik und auf den Fluss Oker, der im Tal aus dem Harz kommend nach Braunschweig fließt. Bereits um 925 hielt sich König Heinrich I. hier auf, wie der Chronist Widukind von Corvey überlieferte. Von hier aus steuerte Heinrich die Verteidigung Sachsens gegen die Ungarn. Heinrich I. und sein Sohn Otto I. bauten die Pfalz Werla in der Mitte des 10. Jahrhunderts zu einem ihrer wichtigsten Herrschaftssit-

← Blick auf den Westturm der Kaiserpfalz Werla im Archäologischen Park, dem größten dieser Art in Norddeutschland

ze aus. Sie war die bedeutendste profane Anlage ihrer Zeit. Es fehlte an nichts, sogar eine Heißluftheizung, wie sie bereits die Römer benutzten, machte den Herrschern den Aufenthalt im Nordharzgebiet angenehm. Die Anlage war gut gesichert: Auf einem Felssporn gelegen war sie nach Süden und Osten von 17 Meter hohen Steilhängen begrenzt, sechs halbrunde Türme verstärkten die Mauern. Im Zentrum des Komplexes lagen eine Kirche und ein lang gezogenes Steinhaus. Beide besaßen einen für die damalige Zeit luxuriösen Gipsestrichboden.

Werla war jedoch nicht nur ein Ort der Macht, hier wurde auch produziert und Handel getrieben. Die Archäologen konnten sogar Textil- und Metallverarbeitung nachweisen.

Ab dem Jahr 1000 löste die Pfalz im nahen Goslar Werla als »Liebling der Herrscher« ab. Ein letztes Ereignis von hoher politischer Tragweite für die damalige Welt sollte sich sich aber noch im Jahr 1180 abspielen: Kaiser Friedrich I. Barbarossa schloss hier auf einem Hoftag im August den Prozess gegen Heinrich den Löwen (Herzog von Sachsen und Bayern), seinen aufsässigen Vetter aus dem Geschlecht der Welfen, ab. Wenig später wurde Werla aufgegeben und geriet in Vergessenheit.

Wichtige Ausgrabungen

Erst 1875 tauchten Teile der Mauern und einige Scherben auf dem Kreuzberg wieder auf. Dem vorausgegangen war ein Gelehrtenstreit über die Lage der Anlage aus dem frühen Mittelalter. Nach ersten Ansätzen 1927 fanden zwischen 1934 und 1939 größere Grabungen statt, die von 1957 bis 1964 eine Fortsetzung fanden. Einige dieser Funde aus den 1940er-Jahren sind im Heimathaus Alte Mühle Schladen ausgestellt. 2007 versuchten Archäologen, offene Fragen zu Struktur und Entwicklung der Pfalz Werla mit einer weiteren Ausgrabungsphase zu klären, während gleichzeitig ältere Grabungen neu ausgewertet wurden. Für die Wissenschaft ist dieser Platz von großer Bedeutung, da die Pfalz nie überbaut wurde. Basierend auf diesen Erkenntnissen entstand 2007 am authentischen Ort der größte archäologische Park Norddeutschlands. Der Archäologie- und Landschaftspark »Kaiserpfalz Werla« steht Besuchern jederzeit offen. Auf dem Boden wurden die wesentlichen Strukturen nachgezeichnet und vermitteln so ein Bild von der Größe der Anlage. Gräben und Wälle der Kernburg und inneren Vorburg wurden im Ansatz nachgestaltet. Was heute zu sehen ist, umfasst etwa 30 Prozent des Volumens der Originalanlage. Trockenmauern deuten den Platz der historischen Befestigungen an. Durch Spenden wurde die Rekonstruktion des Westtores als 1 : 1-Modell am originalen Ort ermöglicht. Mit etwas Fantasie entsteht beim Spaziergang durch den Park das Bild eines lebendigen Herrschaftsortes des 10. Jahrhunderts.

↖ Die Schornsteine rauchen, wenn die Rüben gekocht und zu Zucker verarbeitet werden.
← Archäologische Fundstücke auf dem Areal der ehemaligen Kaiserpfalz
↗ Steinerne Zeitzeugen geben den Besuchern im Archäologie- und Landschaftspark Kaiserpfalz Werla Rätsel auf.

TIPP

HISTORISCHE ZEITREISE

Zusammen mit der »Hörigen Mazzeka« geht es auf eine abenteuerliche Zeitreise ins 10. Jahrhundert. Die Historikerin Elke Frobese schlüpft in die Rolle der Frau aus der Zeit vor über 1000 Jahren und führt Gäste über das Plateau der Pfalz Werla. In historischer Gewandung erzählt sie vom Leben des frühen Mittelalters und lässt diese Zeit lebendig werden. Führungen können beim Stadtmarketing Hornburg gebucht werden.

WEITERE INFORMATIONEN

Stadtmarketing Hornburg
Pfarrhofstraße 5
38315 Hornburg
www.hornburg-erleben.de

Förderverein Archäologischer Park Kaiserpfalz Werla e.V.
www.kaiserpfalz.schladen-werla.de

Nachbildung einer historischen Befestigung am Ursprungsort

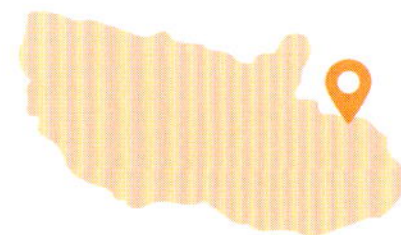

30

BALLENSTEDT

DIE LAUTE UND DIE STUMME

Nördlich von Ballenstedt ragen die Gegensteine auf. Schroff erheben sich die imposanten Sandsteinformationen aus Wiesen und Äckern. Der niedrige Felsen wird »der Laute« genannt, da er ein Echo erzeugen kann. Der größere, der diese Eigenschaft nicht hat, ist »der Stumme«.

Rund um die schroffen Felsen ranken sich diverse Sagen. Einst soll ein Bauer auf seinem vor Hunger und Alter schwachen Pferd zwischen ihnen hindurchgeritten sein. Diesen Weg zu einem seiner Äcker nahm er regelmäßig kurz vor Sonnenaufgang. Diesmal jedoch hatte sich die Umgebung verändert: Eine Höhle hatte sich aufgetan. Als er voller Neugier hineinblickte, sah er vor sich einen leuchtenden Schatz. Darauf lag eine Peitsche. Zu gerne hätte er danach gegriffen, aber ein großer schwarzer Hund wachte davor und knurrte ihn als »Hüter des Goldes« an. Der Bauer wollte natürlich nicht ohne den Schatz gehen, wusste aber nicht, was er tun sollte, um den Hund abzuschütteln. Drei-

mal griff er nach dem Gold, dreimal vertrieb ihn das Tier. Da fluchte er und wünschte den Hund zum Teufel. In diesem Augenblick gab es einen großen Knall, und in dichtem Nebel verschwand der Hund, und der Teufel erschien. In seiner schrecklichen Gestalt riss er den Schatz mit sich und ließ nur die Peitsche zurück. Mit einem einzigen Tritt spaltete der Höllenfürst einen der Gegensteine und verschwand darin mit dem Schatz. Laut der überlieferten Sage sitzt er immer noch dort, und manchmal hört man ihn ganz leise antworten, sobald man den Stein angerufen hat. Selten und auch nur zu mitternächtlicher Stunde soll er gar in menschlicher Gestalt um die Felsen spuken. Im Märchen *Die Gegensteine* des deutschen Sagensammlers Friedrich Gottschalck aus dem Jahr 1814 erwacht diese Geschichte zu neuem Leben.

Der große Bruder

Keine Sage, sondern gänzlich sicher und verbürgt ist allerdings der Aufstieg auf den größeren Gegenstein. Wo sein Gipfel die Landschaft um 50 Meter überragt, führt seit 1817 eine in den Stein gehauene Treppe zu einer Aussichtsplattform hinauf. Von hier blickt man über das Harzvorland bis nach Ballenstedt und zum Brocken. Die Felsen sind Teil des Naturschutzgebietes Gegenstein-Schierberge. Seit 1998 sind sie zusammen mit dem Höhenzug Schierberge als östlicher Ausläufer der Teufelsmauer (wie schon ihr Name vermuten lässt, ranken sich auch um die Teufelsmauer viele Sagen, in denen der Teufel das Sagen hat) geschützt. Ihre Hänge werden von artenreichen Trocken- und Halbtrockenrasen gesäumt. Hier gedeihen diverse Orchideen- und drei Enzianarten ebenso wie Natternkopf, Sandthymian, Kartäusernelke, Besenheide und Wiesenhafer. Streuobstwiesen runden das idyllische Bild ab.

Artenreiche Flora und Fauna

In der Luft tummeln sich Greifvögel wie Wespenbussard und Rotmilan neben heimischen Spechtarten, Schwarzkehlchen, Wendehals, Neuntöter und anderen Vögeln. Im nahen Wäldchen blühen im Frühling unzählige Märzenbecher und verwandeln die Landschaft in einen Blumentraum in Gelb. Kleine Wandertafeln mit einem Teufelchen darauf weisen den Weg zu den Schierenbergen. Man erreicht so weitere Sandsteinformationen. »Schier« ist übrigens ein altes Wort für karg. Zwischen sogenannten Hutebäumen, auch Weidbaum genannt, weideten früher Schafe und Ziegen und pflegten so die Landschaft und bewahrten sie vor der drohenden Verkrautung.

TIPP

DIE ROSEBURG

An der Landstraße zwischen Ballenstedt und Rieder erhebt sich die Roseburg. Der märchenhafte Bau entsprang den Visionen des Berliner Architekten Bernhard Sehring. Zu Beginn des 20. Jahrhunderts schuf er hier eine Burg inmitten eines umfangreichen Landschaftsparks. Darin finden sich Elemente unterschiedlicher Zeit- und Kulturepochen. Heute ist die Anlage Teil des sachsen-anhaltinischen Netzwerks »Gartenträume«. Wer es etwas lauter mag, ist auf dem Flugplatz Ballenstedt richtig. Einmal im Jahr findet hier das *Rockharz Open Air* statt. Bereits in den 1920er-Jahren starteten und landeten hier Segelflieger. Zurzeit ist der Platz mit seiner gut 800 Meter langen Start- und Landebahn der einzige Verkehrsflugplatz im Harz. Seit 2009 ertönen hier im Juli harte E-Gitarrenklänge. Das Musikfestival zieht jährlich fast 20 000 Besucher an. Auf der Rock Stage und der Dark Stage waren in der Vergangenheit Bands wie Knorkator, In Extremo, Subway to Sally, Eisbrecher und Schandmaul regelmäßig zu Gast. Seit seiner Gründung 1993 als »Rock gegen Rechts« in Osterode am Harz ist das Festival ein fester Termin in der deutschen Metal- und Dark-Rock-Szene.

← Der Große Gegenstein: Mit 243,6 Metern misst er gut 13 Meter mehr als sein kleiner Bruder.
↑ Wie ein Märchenschloss mutet die idyllisch gelegene Roseburg mit Bergfried und Donjon an.

31

BADDECKENSTEDT

DER SPESSART LIEGT IM NORDHARZ

Wer von Norden kommend auf dem Weg von der Autobahn 7 in den Harz ist, fährt durch das kleine Örtchen Baddeckenstedt. In der Mitte des letzten Jahrhunderts war hier die Schauspielerin Liselotte Pulver zum berüchtigten »Wirtshaus im Spessart« unterwegs.

In der Fortsetzung *Das Spukschloss im Spessart* bildet das malerische Schloss Oelber am weißen Wege die Kulisse für die Außenaufnahmen des Films von Regisseur Kurt Hoffmann. Heute sind hier keine Räuber mehr eingemauert, auch wenn es häufig munter zugeht. Die Besitzerinnen beleben das Areal mit zahlreichen Events rund um das historische Gemäuer. Besonders sticht dabei der stimmungsvolle Weihnachtsmarkt heraus. Das Schloss, auf dem Fundament einer Wasserburg erbaut, ist seit dem Mittelalter durchgängig im Besitz der Adelsfamilie von Cramm. Sein heutiges Gesicht erhielt das Gebäude durch zahlreiche Anbauten in der Zeit um 1580. Ursprünglich handelte es sich um einen Rundbau, dessen Form immer noch sichtbar ist. Eine Renaissancefassade umgibt nach den Anbauten diesen

Kern. Das im 19. Jahrhundert erbaute Gestüt bietet heute in seinen ehemaligen Pferdeboxen stimmungsvolle Räumlichkeiten für Veranstaltungen. Ein Portal aus der Renaissance öffnet das südliche Torhaus.

Während des Dreißigjährigen Kriegs soll das Schloss im Jahr 1626 für drei Monate dem Grafen Tilly und seinem Heer als Quartier gedient haben. Nach dem berühmten Feldherrn wurde auch ein Raum in der Anlage benannt: der Tilly-Saal.

Der Tennisbaron

Oelber ist auch die Heimat eines weiteren Trägers des Namens von Cramm: Gottfried Freiherr von Cramm. Der als »Tennisbaron« berühmt gewordene Sportler spielte 102-mal für Deutschland im Davis Cup und gewann davon 82-mal das Match für sich. Der Ausnahmesportler stand dreimal im Einzel-Finale von Wimbledon. 1933 siegte er dort im Mixed zusammen mit Hilde Krahwinkel. 1955 heiratete er in zweiter Ehe die Woolworth-Erbin Barbara Hutton, die er bereits vor dem Krieg kennengelernt hatte. Das Paar trennte sich nach einigen Jahren wieder. Gottfried von Cramm, nicht nur ein virtuoser Sportler, erfolgreicher Unternehmer und Gegner des NS-Regimes, sondern auch eine charismatische und schillernde Gestalt, kam 1976 bei einem Autounfall während einer Geschäftsreise in Kairo ums Leben. Er wurde bei der Familienkapelle nahe Schloss Oelber zur letzten Ruhe gebettet.

Vom Rittergut zur Eventlocation

Das Rittergut konnte bis 1982 als landwirtschaftlicher Betrieb aufrechterhalten werden. Die Nachnutzung der umfangreichen Gebäude stellte die Familie von Cramm vor große Herausforderungen. Der erste Christkindlmarkt 1995 war ein so großer Erfolg, dass schnell die Idee geboren wurde, den märchenhaften Ort mit weiteren Veranstaltungen zu beleben. 1998 gründeten Helena Freifrau von Cramm und Anna von Veltheim eine Event-Agentur unter dem Namen Oelber Event. Oldtimertreffen, Hochzeitsmessen, Hundeevents, Kunst- und Antiquitätenmessen sowie Konzerte wechseln sich heute mit Märkten und Thementagen ab. Bis zu 700 Personen können allein im Marstall unterkommen. Frühlingsfest und Landpartie locken jedes Jahr Hunderte Besucher zwischen die alten Mauern. Für Besucher ist das Schloss außerhalb der Veranstaltungszeiten nicht zugänglich. Der aktuelle Veranstaltungskalender findet sich auf der Homepage.

← Rund um einen mächtigen Turm schmiegen sich die Gebäude des Schlosses und bilden eine einzigartige Kulisse für verschiedenste Events.
↓ Wanderung zum Gaußstein bei Salzgitter, einem historischen Vermessungspunkt

TIPP

SALZGITTER-LICHTENBERG

Von Baddeckenstedt aus lohnt sich ein Abstecher nach Salzgitter-Lichtenberg. Auf einem acht Kilometer langen Geopfad gibt es zu jeder Jahreszeit viel zu sehen. Am Anfang des Rundwegs lohnt sich eine Besteigung des Turms der Burg Lichtenberg. Von der Aussichtsplattform in 25 Metern Höhe auf dem Ende des 19. Jahrhunderts rekonstruierten Bergfried schweift der Blick weit über die Umgebung. Nicht weit entfernt steht der Gaußstein. Es handelt sich um einen Vermessungspfeiler, den Carl Friedrich Gauß im Jahr 1820 an diesem exponierten Ort errichten ließ, um das Königreich Hannover zu vermessen. Von hier wurden unter anderem der Brocken sowie die Höhenzüge Hills und Deister angepeilt.

WEITERE INFORMATIONEN

Schloss Oelber a. w. Wege
Rittergut 1
38271 Baddeckenstedt
www.schloss-oelber.de

32

BORNUM

ERKALTET, ABER SEHENSWERT

Der Harz und seine Randgebiete sind seit jeher nicht nur eine Region voller einzigartiger Naturschätze, sie verfügen auch über industrielle und vorindustrielle Standorte mit langer Tradition. Im Schatten des Bergbaus folgten Hütten und metallverarbeitende Betriebe.

Von 1727 bis 1966 produzierte die Wilhelmshütte im Ambergau am Harz nahe Bockenem. In Neuwallmoden und Ortshausen wurden eisenhaltige Erze gefunden, Holzkohle kam aus dem nahen Hills und Kalk aus dem ebenfalls nicht fernen Helmscherode. Regional produzieren war damals eine Notwendigkeit und kein hippes Buzzword. Die Hütte schmolz nicht nur die Metalle, sondern bereitete den angelieferten Eisenstein vor bis zum Schmelzen im Hochofen, bis 1857 die Produktion unrentabel wurde, da die Lieferungen des Eisensteins aus der Nachbarschaft immer dürftiger wurden. Der Hochofenbetrieb wurde eingestellt und die bisher staatlich geführte Hütte privatisiert. Von nun an wurde am Standort eine Eisengießerei betrieben, die Gusseisen und Schmiedeeisen herstellte

und später auch Wagenachsen. Nachdem das Unternehmen 1890 vom Konkurrenten, dem Inhaber der Carlshütte bei Alfeld, übernommen wurde, erweiterte der neue Inhaber die Produktpalette um Denkmäler aus Kupferblech. Eines dieser Monumente, das *Waterloo*-Denkmal, ist noch heute im belgischen Ort Quatre-Bras zu sehen: Ein überlebensgroßer bronzener Löwe erinnert dort seit Juni 1890 an den »Schwarzen Herzog« Friedrich Wilhelm. Der Braunschweiger Fürst startete einen legendären Aufstandsversuch gegen die napoleonische französische Besatzung und fiel am 16. Juni 1815 beim mutigen Versuch, zusammen mit 7000 braunschweigischen Soldaten eine strategisch wichtige Straßenkreuzung bei Quatre-Bras kurz vor Waterloo zu sichern. Der baufällig gewordene »Braunschweiger Löwe« war rechtzeitig zum 200. Jahrestag der Schlacht von Waterloo renoviert worden, seither sitzt er wieder fest auf seinem Sockel und strahlt wie neu.

Öfen aus Gusseisen

1901 ging das Unternehmen in Konkurs, und bereits nach einem Jahr konnte der Betrieb wieder aufgenommen werden. Nach diversen Besitzerwechseln firmierte die Gießerei ab 1918 als Wilhelmshütte GmbH. Nach der Übernahme durch den Hildesheimer Großhändler Otto Hempelmann baute dieser das Unternehmen schnell aus. Von nun an spezialisierte man sich auf die Fertigung von Kohleöfen und -herden aus Gusseisen. Diese verfügten teils über ausgefeilte Luftführungstechnik und waren schnell erfolgreich. Als in den 1960er-Jahren die Wohnungen mehr und mehr mit Heizöl beheizt wurden statt mit Kohle, kam unwiederbringlich das Ende der Wilhelmshütte. Beim Konkurs 1966 verloren 600 Arbeitnehmer ihre Jobs.

Historischer Hochofen

Heute zeugt der original erhaltene Hochofen aus dem Jahr 1783 von der industriegeschichtlichen Vergangenheit. Seit einigen Jahren wird er von Ehrenamtlichen gepflegt und restauriert. Ursprünglich wurden hier 7,5 Tonnen Eisen pro Woche erzeugt. Heute ist er einer von nur drei erhaltenen Hochöfen dieser Art in Deutschland. Seine Bauweise aus massiven Steinquadern erinnert an einen Burgturm und lässt vergessen, dass dieses Bauwerk aus einer frühen Zeit der Industrialisierung stammt. Zeitweise hatte ein dänischer Spielzeughersteller sogar einen Modellbausatz des Hochofens im Angebot. Die Anlage ist frei zugänglich und kann jederzeit besichtig werden.

TIPP

GALLOWAYHOF RHÜDEN

Unweit von Bockenem liegt der Biobetrieb Gallowayhof Rhüden. Sabine Kirch züchtet auf ihrem Hof diese besondere Rinderrasse. Eigentlich sollten die 2002 angeschafften Kühe Hanni und Dinka nur die Hangwiesen pflegen, die mit dem Traktor nicht bearbeitet werden konnten und durch reine Pferdebeweidung verwilderten. Schnell kam ein Jahr später noch Sam dazu, und die Damen waren nicht mehr alleine. Mittlerweile ist die Herde auf 70 Tiere angewachsen und bevölkert naturnahe Wiesen zwischen Rhüden und Lamspringe. Die zotteligen Riesen leben im Sommer draußen und im Winter im Stall. In der kalten Jahreszeit würden sich die Weiden im Schlamm verwandeln, außerdem ist dies die Zeit, in der die Kälber geboren werden. Ursprünglich sind Galloways in Schottland beheimatet. Raues windiges und zeitweise regnerisches Klima sind sie gewöhnt und gedeihen deshalb auch am Harz prächtig. Familie Kirch begrüßt gerne Besucher zu Hofbesichtigungen und möchte so Verbrauchern Alternativen zur Massentierhaltung zeigen. Auf Vorbestellung ist der Kauf von Biofleisch direkt ab Hof möglich.

← Trutzig wie ein mittelalterlicher Burgturm ragt der historische Hochofen in Bornum in den Himmel.
↑ Als kräftige Landschaftspfleger sind die einzigartigen Gallowayrinder auf den Wiesen rund um Rhüden unterwegs.

33

DRÜBECK

DIE STILLE FINDEN

Auf der Bundesstraße 6 von Wernigerode kommend durchfährt man kurz vor Ilsenburg das Örtchen Drübeck. Hier befindet sich seit dem Ende des 10. Jahrhunderts eine bedeutende romanische Klosteranlage. Seit dem Jahr 960 widmen sich die Menschen dort dem geistlichen Leben.

Zentrum des ehemaligen Benediktiner-Nonnenklosters ist die mehr als 1000 Jahre alte Kirche St. Vitus, deren zweitürmiger Westbau von 1170 schon von Weitem zu sehen ist. Ursprünglich wurde es als Frauenkloster für Damen aus dem Adel gegründet, doch ab dem 13. Jahrhundert konnten zunehmend auch bürgerliche Frauen in den Orden eintreten und Nonnen werden. In dieser Zeit lebten um die 20 bis 30 Ordensschwestern in der Abtei. Gründerin und erste Äbtissin des Konvents soll Adelbrin gewesen sein, die um das Jahr 900 wirkte und wie eine Heilige verehrt wurde. Es wird vermutet, dass es sich bei der Figurengrabplatte aus Sandstein in der Krypta der Klosterkirche um ihr Grabmal handelt. Das Gotteshaus besitzt einen spätgotischen geschnitzten Altar und eine kostbare Glocke aus dem 14. Jahrhundert, die »Benedicta«, mit einem ungewöhnlich tiefen Klang.

Leben hinter Klostermauern

Heute weiß man wenig über die Gestaltung der Umgebung des Klosters. Teilweise in den Bauernkriegen 1525 zerstört und nach der Säkularisierung vernachlässigt verfielen die Anlagen. Als sich die Reformation durchgesetzt hatte, konnte das Kloster als evangelisches Frauenstift fortgeführt werden. Die Stiftsdamen waren weiterhin Adelige und Bürgerliche. Erweiterungsbauten konnten erst wieder im 18. Jahrhundert finanziert werden. Graf Christian zu Stolberg-Wernigerode veranlasste umfassende Sanierungsarbeiten und den Neubau von Wirtschaftsgebäuden und Wohnhäusern, er ließ die Gartenanlagen herrichten sowie das Amtshaus und das Konventsgebäude errichten. In dieser Zeit wurde auch die noch erhaltene Klosterlinde gepflanzt, deren Stamm heute einen Umfang von fünfeinhalb Metern hat. Wie die Außenanlage einmal aussah, zeigt ein Plan aus dem Jahr 1737. Von einer Mauer umschlossen präsentierten sich den Stiftsdamen fünf separate Blumengärten. Die Wege waren in Form eines Kreuzes angelegt und besaßen je ein Gebetshaus. Hier konnten die Stiftsdamen meditieren oder sich entspannen. Der Garten der Äbtissin war separat angelegt. Für sie gab es eine Eibenlaube und einen Pavillon. Ihr Garten liegt abgeschirmt von den Gärten der Stiftsdamen und bot so der Äbtissin einen Rückzugsort. Zu der Gesamtanlage gehörte zudem ein baumbestandener Garten. Den Klosterhof dominiert noch heute die um das Jahr 1730 gepflanzte Linde. Seit dem 19. Jahrhundert ergänzt ein Rosengarten in einem Teil des ehemaligen Baumgartens die gepflegte Anlage.

Inmitten dieser Pflanzenvielfalt eröffnete 1908 ein Erholungsheim für berufstätige Frauen, das bis zu seiner Schließung 1991 bestand. Das evangelische Damenstift wurde

→ Vom 10. Jahrhundert bis 1976 ein Hort für Frauen: Kloster Drübeck, heute eine Tagungsstätte

← Die beeindruckende Krypta unter der Klosterkirche lädt ein, Ruhe und Stille zu genießen.
↙ Im ehemaligen Gärtnerhaus des Klosters gibt es heute Leckereien wie Kuchen, Kaffee und Wein.
↘ Ein bunter vielfältiger Küchengarten wurde 2006 nach historischen Plänen auf der ehemaligen Bleichwiese angelegt.

bereits in den 1940er-Jahren geschlossen. Im Krieg diente es als Lazarett für Hirngeschädigte und Kriegsflüchtlinge. Seit dem Ende des 20. Jahrhunderts beherbergt das Kloster ein evangelisches Pastoralkolleg und das Pädagogisch-Theologische Institut der Kirchenprovinz Sachsen. Gärten und historische Räumlichkeiten laden Besucher zur Einkehr und Besinnung ein. Die klaren Formen des Innenraums der romanischen Basilika beeindrucken durch ihre schlichten klaren Formen.

Ein Hort für Frauen

Kloster Drübeck ist ein Ort für und von Frauen. Mehr als 30 solcher Stätten in Sachsen-Anhalt erzählen die Geschichte und Geschichten der Bräute Gottes, die an diesen Stätten gelebt und viel bewirkt haben. Mehr als 1100 Jahre lang lebten hier Ordensfrauen und gestalteten ihr geistliches, aber auch weltliches Umfeld. Eine von ihnen wird in der regelmäßig stattfindenden Gewandführung wieder lebendig: Äbtissin Christiane Eleonore Gräfin zu Stolberg-Wernigerode kommt aus der Zeit des 18. Jahrhundert in die Jetztzeit, um die Besucher durch die Klosteranlage zu führen. Christiane zählte zu den bedeutendsten Äbtissinnen in der langen Historie des Klosters. Den Besuchern erzählt sie Begebenheiten aus der Zeit ihres Wirkens. Auf die Spuren mittelalterlicher Mystik macht sich hingegen die meditative Gartenführung mit Geschichten und Gedichten. Wer es etwas unheimlicher mag, kann eine Laterne nehmen und im Schein der Lampe den spannenden Erzählungen der Gästeführerinnen lauschen.

Tage der Besinnung

Allen, die tiefer in das klösterliche Leben eintauchen möchten, bietet Drübeck mit dem »Haus der Stille« dazu Gelegenheit. Im ehemaligen Amtshaus der Domäne sind Einkehr- und Besinnungstage für Gruppen und Einzelpersonen möglich. Im mittelalterlichen Umfeld kann dabei Abstand zum hektischen Alltag gewonnen werden. Schweigen bringt Erholung für Leib und Seele. Neben dem Aufenthalt im »Haus der Stille« bieten sich auch Übernachtungsmöglichkeiten an. Von Zimmern mit historischen Möbeln im Äbtissinnenhaus bis zur modern und architektonisch spannend restaurierten Domänenscheune reicht das vielfältige Übernachtungs- und auch Tagungsangebot. Die Klosterküche sorgt für das leibliche Wohl der Hausgäste. Tagesgäste können sich im Café stärken. Im ehemaligen Gärtnerhaus lässt sich ein selbst gepresster Apfelsaft, ein Espresso und natürlich ein frisch gebackenes Stück Kuchen oder Torte genießen. Flammkuchen und Suppen runden das Angebot ab. Das heimelige Flair des rosenbewachsenen kleinen Fachwerkhauses lässt alles gleich noch besser schmecken. Einen kleinen Klosterladen mit allerlei hübschen Mitbringseln gibt es im Gärtnerhaus natürlich auch.

TIPP

AUF DEN ILSESTEIN

Nach tiefsinnigen Gedanken im Kloster geht es hoch hinauf zum Ilsestein. Der Granitfelsen thront mehr als 100 Meter über dem Ilsetal. Gekrönt von einem eisernen Kreuz bietet der Gipfel eine herrliche Aussicht auf den Brocken. Das Kreuz ließ Graf Anton zu Stolberg-Wernigerode in Erinnerung an seine in den Befreiungskriegen 1813/14 gefallenen Freunde errichten. Die Wanderung startet idealerweise an den Wanderparkplätzen im Ilsetal. Von da geht es stetig bergauf, bis man nach 200 Höhenmetern den Felsen erreicht hat. Goethe hat diesem Ort ein Denkmal in seinem *Faust* gesetzt und Heinrich Heine in der *Harzreise*. Letzterer hörte die »flötensüße« Stimme der Prinzessin Ilse, die ihm bei seiner Wanderung im Ilsetal zurief, dass sie im Ilsestein wohne. Empfehlung: einfach mal lauschen, ob sie noch zu hören ist.

WEITERE INFORMATIONEN

Evangelisches Zentrum Kloster Drübeck
Klostergarten 6
38871 Ilsenburg OT Drübeck
www.kloster-druebeck.de
Klosterkirche St. Vitus: tgl. 7–19 Uhr
Klosteranlage und Gärten: 6.30–19 Uhr
Klostercafé im Gärtnerhaus: Mi–So 11–17.30 Uhr

Die Äbtissinnengärten boten den Damen Raum für Rückzug und Meditation.

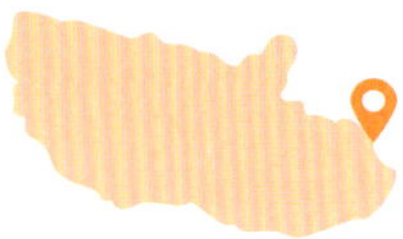

34

ERMSLEBEN

WO DER ESEL IM RAD TRAT

Schon von Weitem spitzen die Dächer der Konradsburg aus den Baumkronen hervor. Auf einer kleinen Anhöhe zwischen weiten Feldern liegt eine der eindrucksvollsten historischen Anlagen der Kulturlandschaft Harz. Seit der Bronzezeit, also seit 3000 bis 4000 Jahren, siedelten hier Menschen.

Bis ins hohe Mittelalter residierte hier das Adelsgeschlecht der Konradsburger. Nach 1120 verließen sie den kleinen Berg und erbauten im Selketal die Burg Falkenstein. Ihnen folgten die Mönche. Benediktiner siedelten sich an und weihten ihr Kloster; 1476 übernahmen Kartäusermönche die Abtei; bis 1526 bestand hier ein geistiges und soziales Zentrum des Nordharzer Raumes. Die Bauernkriege führten schließlich zur Aufgabe des Klosters, von dem noch heute Teile erhalten sind. Der Hohe Chor und die darunterliegende Krypta zeugen von der Bedeutung der einstigen Basilika. Allein die fünfschiffige, kreuzgratgewölbte Krypta beeindruckt mit ihrer Größe und der reichen Ausstattung der Säulen, Kapitelle und Pfeiler mit vielfältigen Bildhauerarbeiten. Benachbarte angrenzende

Gebäude lassen erahnen, wie hier die Gebäude des Klosters um 1200 angeordnet waren.

Landwirtschaftliches Areal

Mehr als 200 Jahre, von 1712 bis 1945, wurde die Konradsburg als landwirtschaftliche Domäne genutzt. Eine Besonderheit ist das Brunnenhaus, das den 45 Meter tiefen Brunnen schützt, und vermutlich noch aus mittelalterlichen Tagen stammt. Um das Wasser hinaufzubefördern, nutzte man eine Eseltretanlage. Wie in einem überdimensionalen Hamsterrad trieb die Kraft der Grautiere ein Tretrad an, mit dem die Eimer über eine Achse nach oben gezogen wurden. Bis 1948 mussten die Esel hier Dienst tun, womit die Anlage zu den am längsten in Europa betriebenen dieser Art gehört. Esel als Arbeitstiere heute in dieser Gegend natürlich nicht mehr eingesetzt, die Anlage ist aber noch voll funktionsfähig. Wer hier sein Kind taufen möchte, kann selbst im Tretrad laufend das Taufwasser zu Tage fördern und so den besonderen Tag noch außergewöhnlicher gestalten.

Viele der heute noch stehenden Gebäude wurden im 18. und 19. Jahrhundert zu landwirtschaftlichen Zwecken errichtet. Zu DDR-Zeiten verfiel die Konradsburg zusehend. 1982 gründete sich eine Bürgerinitiative, die sich um die Sicherung der Bausubstanz kümmerte. Ein 1990 gegründeter Förderkreis macht sich heute für die Anlage stark und bemüht sich um Vernetzung mit anderen Projekten der Umgebung. Seit 1993 ist die Konradsburg Bestandteil der Ferienstraße »Straße der Romanik«. An den Wochenenden lädt ein Café zum Besuch ein. Zum Erhalt der Bausubstanz trug auch die Überführung von Teilen der Anlage in die Kulturstiftung des Landes Sachsen-Anhalt bei.

Schwarze Schafe als Landschaftspfleger

Rund um die Konradsburg pflegen alte robuste Nutztierrassen die Grünflächen. Hier mag man schwarze Schafe. Die genügsamen Rauwolligen Pommerschen Landschafe halten den Rasen kurz und erfreuen ebenso wie der Riesenesel Konrad große und kleine Besucher. Schafe und Kühe werden auch auf den Streuobstwiesen eingesetzt, die rund um die Burg zu finden sind und Insekten eine vielfältige Heimat mit reichlich Nahrung bieten. Auch Kaninchen und sogenannte Deutsche Reichshühner – eine alte deutsche Hühnerrasse – tragen ebenfalls zum Erhalt und zur Pflege der Kulturlandschaft bei.

← Unter dem erhaltenen Chorraum ist die Krypta ein Zeugnis vergangener Klosterherrlichkeit.
↓ Massiv ragt der Turm der Windmühle bei Endorf über der Landschaft auf.

TIPP

TURMWINDMÜHLE IN ENDORF

Nicht weit entfernt beeindruckt die Turmwindmühle in Endorf mit ihrer massiven Bauweise. Seit 1847 erhebt sie sich in dieser Gestalt auf einer Hochebene mit weitem Blick über die Landschaft. Über viele Jahre wurde hier das Korn der Bauern gemahlen und Tierfutter geschrotet. Bis 1972 liefen die Mühlräder. Zuletzt wurde Hafer gequetscht und Futterschrot hergestellt. Der Förderkreis Konradsburg e.V. kümmert sich auch um dieses Baudenkmal und hat seit Übernahme 1991 die verfallene Mühle liebevoll restauriert. Eine neue Antriebswelle aus dem Stamm einer 150 Jahre alten Eiche konnte ebenso wie die elf Tonnen schwere Turmhaube installiert werden. 5000 Holzschindeln schützen heute wieder das Dach, und seit 1994 drehen sich die Flügel im Wind und treiben das Mahlwerk an. Besichtigungen sind nach Absprache mit dem Förderkreis Konradsburg e.V. möglich.

35

HALBERSTADT

DIE LANGSAMKEIT IM OHR

Wer ein Konzert besuchen möchte, kauft sich normalerweise eine Eintrittskarte und findet sich zu einem bestimmten Termin ein. Wer zu spät kommt, verpasst die Musik. In Halberstadt läuft das etwas anders. Hier kann man kommen und gehen, wie man will.

Man wird auch nicht pikiert angeschaut, wenn man nach Konzertbeginn in die Veranstaltungslocation platzt. In der St.-Burchardikirche kann man innerhalb der Öffnungszeiten kommen und gehen, wie es einem gefällt. Und ein »zu spät« gibt es ohnehin nicht. Denn das Stück läuft bis ins Jahr 2640. Ton für Ton, Jahr für Jahr wird in dieser Kirche das Stück *ORGAN2/ASLSP – As SLow aS Possible* aufgeführt. Der US-amerikanische

Komponist John Cage (1912–1992) komponierte das Stück 1985 ursprünglich für Klavier. Auf Anregung des Organisten Gerd Zacher folgte 1987 eine Bearbeitung für Orgel. Ende des 20. Jahrhunderts entstand eine Diskussion darüber, wie langsam denn langsam wohl sein soll. Man einigte sich darauf, dass »unendlich lange« eine passende Zeit für die Dauer des Stücks ist. Voraussetzung ist natürlich, dass die Orgel hält und Menschen in Frieden leben und das Musikinstrument am Laufen halten.

Halberstadt ist traditionell ein wichtiger Ort für Orgelfreunde. 1361 wurde hier die erste Großorgel in der Geschichte gebaut. Sie stand im Dom und hatte erstmals eine echte Klaviatur. Ihr zwölftöniges Schema ist noch heute bei Tasteninstrumenten wiederzufinden. Der amerikanische Komponist und Instrumentenbauer Harry Partch (1901–1974) bezeichnete die Entstehung dieser Klaviatur als »fatalen Tag von Halberstadt«. Er sah sich wohl davon eingeschränkt, da er ein eigenes Tonsystem entwickelte. Im Jahr 2000 waren 639 Jahre seit dem »fatalen Tag« vergangen. Was lag da näher, als Cages Stück dort 639 Jahre zu spielen. Diese Dauer führt auf jeden Fall zu einer extremen Langsamkeit. Am 5. September 2001 begann das Stück. Und es war kein Ton zu hören. Den Auftakt bildete eine 17 Monate lange Pause. Starttag war der 89. Geburtstag von John Cage.

Vertrauen in die Zukunft

Wer die Kirche heute besucht, um dem Konzert zu lauschen, ist überwältigt von ihrer Weite und ihrem Minimalismus, der schon an Leere grenzt. Das fast 1000 Jahre alte Gebäude wurde für das Konzert restauriert und mit einem neuen Dach versehen. Der historische Zustand wurde erhalten, nichts verschönert und ergänzt. In dem beinahe leeren Bau steht einsam die Orgel und lässt ihre Töne erklingen. Das beruhigt Ohr und Auge. An den Wänden zieht sich eine lange Reihe an Spendentafeln entlang. Das Projekt kann auf viele Unterstützer vertrauen. Außer diesen Tafeln unterbricht nichts die Struktur der Wände, die mit ihren Macken und Narben ein Zeugnis des Vergehens von Zeit sind. Die Buchardikirche hatte in ihrem langen Leben viele Funktionen: Sie war Zisterzienserkloster, Scheune, Lagerschuppen, Schnapsbrennerei und Schweinestall. Jetzt ist sie einer der beeindruckendsten Konzertsäle der Welt. Wenn das Stück im Jahr 2640 ohne Unterbrechung beendet werden sollte, hat dieser Ort die längste Periode des Friedens in seiner Geschichte erlebt. So ist das Konzert auch ein Symbol des Vertrauens in die Zukunft.

TIPP

BEREND LEHMANN MUSEUM

Als beredtes Zeugnis der jüdischen Geschichte in Halberstadt lohnt ein Besuch des Berend Lehmann Museums. Neben diversen Ausstellungsstücken zum jüdischen Leben bildet ein Mikwenhaus den Kern des Museums. Solche Ritualbäder hatten eine zentrale Funktion im religiösen Leben. In der Regel befand sich die Mikwe in direkter Umgebung einer Synagoge. So war es auch in Halberstadt. Umschlossen von einer Häuserreihe stand unterhalb des Domplatzes das jüdische Gotteshaus. Während nach der Progromnacht im November 1938 und dem anschließend von den Nationalsozialisten verfügten Abriss kaum etwas übrig blieb, legt das Bad noch heute Zeugnis ab vom Leben der jüdischen Gemeinde in Halberstadt. Im Hinterhof erinnert das Kunstprojekt *Und der Lebende nehme sich das zu Herzen …* als Denkort an die Ereignisse vor über 80 Jahren.

← Moderne Kunst und mittelalterliche Kirche gehen in Halberstadt gut zusammen.
↑ Ein besonderes Stück erfordert eine spezielle Orgel. Das Musikinstrument wird jedem Tonwechsel individuell angepasst.

Der Quedlinburger Höllenhof diente in den vergangenen Jahrhunderten unter anderem einer Bruderschaft, dem Stadtvogt, Stadtschreibern und -kämmerern als Wohnstatt.

36

VIENENBURG

DER KAISER IM DAMENZIMMER

Wer direkt von Goslar nach Braunschweig mit der Bahn fährt, kommt am Bahnhof Vienenburg vorbei. Hier hält man mitten in Deutschlands Eisenbahngeschichte. Das zwischen 1838 und 1840 erbaute Bauwerk ist der älteste noch erhaltene Bahnhof Deutschlands.

Im Inneren des Bahnhofs informiert ein kleines Eisenbahnmuseum voller historischer Exponate interessierte Gäste über die Ortsgeschichte. Heute rauschen hier die Züge der DB in den Bahnhof hinein und wieder heraus. Das war im 19. Jahrhundert deutlich anders. 1896 benötigten die Dampflokomotiven rund anderthalb Stunden von Vienenburg ins 35 Kilometer entfernte Halberstadt. Ein Höhenunterschied von 40 Metern wollte überwunden werden. Die Rückfahrt wurde eine halbe Stunde schneller geschafft. Den Anschluss schafften die Reisenden, die im Zug nach Braunschweig unterwegs waren, in Vienenburg oft nicht. Teilweise mussten die Passagiere dann in Vienenburg übernachten. Solche und andere Pannen passierten häufig. Hier waren zugleich die Braunschweiger und die Magdeburg-Halberstädter Bahnverwaltung zuständig. Zur Problemlösung trug das selten bei.

Zwangspause in »Warteburg«

Schnell bekam der Ort den Spitznamen »Warteburg« verpasst. Schon früh wurde am Vienenburger Bahnhof ein Wartesaal für die Erste Klasse und einer für die Zweite Klasse eingerichtet. Ein separates Damenzimmer bot allein reisenden gehobenen Damen einen eigenen Platz in Abgeschiedenheit. Dieser Raum ist mittlerweile als »Kaisersaal« bekannt, nachdem Wilhelm I. ihn nach seinem Besuch in Goslar am 15. August 1875 nutzte. Mit der Teilung Deutschlands nach dem Zweiten Weltkrieg verlor der Bahnhof an Bedeutung. Die Strecken gen Osten wurden gekappt, niemand musste hier mehr umsteigen, um von Halberstadt nach Braunschweig zu gelangen. Erst seit dem Lückenschluss 1996 verkehren wieder Züge zwischen Vienenburg und Halberstadt. Die Linienführung wurde jedoch geändert.

Bedeutender Eisenbahnknotenpunkt

Die frühere Bedeutung dieses Eisenbahnknotenpunktes lässt sich an der Zahl der Stellwerke ablesen, die ihn einst umgaben. Nicht weniger als sechs regelten den Bahnverkehr und sorgten für stets korrekt gestellte Weichen. Eines ist heute noch erhalten. Es steht leer, aber der T-förmige Bau des Fahrdienstleiterstellwerkes ist noch im Bereich des früheren Güterbahnhofs zu sehen. Einige der ehemaligen Rangier- und Abstellgleise nutzt das Eisenbahnmuseum für ein paar Fahrzeuge. Unter ihnen befindet sich eine Dampflok der Baureihe 52, die 1943 in Berlin gebaut wurde. Neben dieser gewaltigen Lok verfügt das Museum über etliche Waggons, einen Speisewagen sowie einige Kleinloks.

Einen Besuch wert ist auch das kleine Heimatmuseum Vienenburg, das seit 2001 die Geschichte des Ortes näher beleuchtet. Auf zwei Etagen, einem Areal von rund 100 Quadratmetern, zeigt es Exponate zu Land und Leuten, mit Schwerpunkten wie Handwerk und Handel. Im Erdgeschoss warten eine Backstube, ein Tante-Emma-Laden, eine Stellmacherei und ein Kino von anno dazumal. Hinzu kommen Stellwände und Vitrinen, die sich Themen wie dem Schusterhandwerk, dem Milchhandel und Zuckerfabriken widmen. Wechselnde Ausstellungen im Obergeschoss komplettieren das Angebot.

← Das Vienenburger Eisenbahnmuseum beherbergt vielfältige Exponate aus einer Zeit, als schnaufende Dampfloks die Menschen einander näherbrachten.
↓ Die Kirche ist das Wahrzeichen des Klostergutes und weist Besuchern zudem den Weg zu kulinarischen Genüssen.

TIPP

KLOSTERGUT WÖLTINGERODE
Bei Vienenburg liegt das Klostergut Wöltingerode. Neben der Gaststätte Klosterkrug und dem Hotel ist vor allem die Hofbrennerei ein Anziehungspunkt für Besucher. Vom Anbau des Getreides bis zur Abfüllung in die Flaschen durchlaufen die Produkte alle Verarbeitungsschritte auf dem Gut. Seit 1682 werden hier hochprozentige Spezialitäten gebrannt. Die Produktion basiert noch heute auf dieser alten Tradition. In großen Holzfässern lagern die flüssigen Kostbarkeiten und entfalten ihre vielfältigen Geschmacksnuancen. Der Betrieb ist Mitglied bei Slow Food Deutschland e.V. Kloster und Brennerei können bei den wöchentlichen Führungen unter fachkundiger Leitung erkundet werden. Den Abschluss bildet stets eine Verkostung.

37

HORNBURG

DER PAPST WAR AUCH SCHON DA …

Wenn man durch die Gassen von Hornburg schlendert, fühlt man sich wie in einem Gemälde von Carl Spitzweg. Die Zeit scheint still zu stehen in dem kleinen Fachwerkstädtchen im Ilsetal, unweit des Fallsteins. Mitten in der Stadt liegt die Hornburg.

Die auf einem flachen Kalksteinplateau gelegene Burg – heute das Wahrzeichen von Hornburg – war die nördlichste Grenzfestung der Halberstädter Bischöfe. Im Dreißigjährigen Krieg zerstört, wurde sie erst 1922 als privater Wohnsitz teilweise wieder aufgebaut. Um sie herum schmiegen sich die Fachwerkhäuser dicht an dicht. Die Umgebung Hornburgs war in der Vergangenheit ein traditionelles Hopfenanbaugebiet. Von dieser Zeit zeugt noch der frühbarocke Hopfenspeicher in der Dammstraße. Als kunstvolles Fachwerkgebäude thront er auf einem älteren Sandsteinkellergeschoss. An einem Torbogen ist die Jahreszahl 1638 verzeichnet. Seine roten Balken und das dazwischenliegende, weiß verputzte Mauerwerk üben einen besonderen Reiz aus. Der 15 Meter lange Fachwerkbau soll in Zukunft als Erinnerungsort genutzt werden. Erbaut wurde das Gebäude 1672 vom Zimmerer Heinrich Duensing. Er hat sich am Nordgiebel verewigt. Dort ist auch festgehalten, wer der Besitzer war. Es gehörte Leopold Schomburg, dem fürstlichen Forstschreiber und seiner Frau Dorothea Elisabetha Alburg. Im 16. Jahrhundert brachte der Hopfenanbau Hornburg Wohlstand und führte das Städtchen zu seiner größten Blüte. Wenig Regen und viel Sonnenschein ließen die für das Bierbrauen so wichtigen Pflanzen prächtig gedeihen.

← Statue von Papst Clemens II., 1005 in Hornburg geboren, war er nur ein Jahr lang Oberhaupt der Kirche und starb unter ungeklärten Umständen.

Seit 1552 besaß Hornburg das Marktrecht. Damals musste noch jeder Bürger ein eigenes Grundstück besitzen und einen Löscheimer vorweisen. Wo so viel Holz verbaut war, machten entsprechende Vorschriften Sinn. Rund um den Marktplatz drängen sich die historischen Häuser besonders dicht und zeigen heute noch, wie gut es der Stadt damals ging. Zierrat verschiedener Stilepochen schmückt beispielsweise die Marktstraße 14. Erbaut 1608 beherbergte das Gebäude unter anderem die Ratsapotheke. In der Nummer 8 war von 1642 bis 1755 die Stadtschreiberei untergebracht. In der barocken Nummer 4 war die Amtsmühle beheimatet. An der Ilse ist heute noch das Wasserrad der Hagenmühle zu sehen. Sie ist eine von nur zwei erhaltenen Wassermühlen im Landkreis Wolfenbüttel. 1972 wurde leider eines der bedeutendsten Häuser durch Brandstiftung vernichtet. Der »Neidhammel« brannte komplett nieder, nur die Fassade blieb stehen. Es wurde 1563 vom Stadtkämmerer Valentin Mitgau erbaut und war, wie aus Urkunden ersichtlich ist, 1594 das am höchsten besteuerte Haus in ganz Hornburg. Seit 1996 schmückt die erhalten gebliebene Fassade einen Neubau.

Sakraler Senkrechtstarter

Berühmtester Spross Hornburgs war Suidger Graf von Morsleben und Hornburg. 1005 in der Stadt am Fallstein geboren, entwickelte er sich schnell zu einem Senkrechtstarter. An der Domschule zu Halberstadt bekam Suidger eine fundierte theologische Ausbildung. Zu dieser Zeit war das Seminar dort etwas, das man heute als Kaderschmiede bezeichnen würde. Sein Talent wurde sehr schnell entdeckt. Mit seinen roten Haaren und 1,90 Meter Körpergröße muss er für seine Zeitgenossen auch als Person eine imposante Erscheinung gewesen sein. Im Alter von nur 30 Jahren wurde er in die Hofkapelle von Kaiser Konrad II. berufen. Die Hofkapelle war zur damaligen Zeit die zentrale geistige Einrichtung am herrschaftlichen Hof. Nach dem plötzlichen Tod des Bischofs von Bamberg setzte Heinrich III.,der Sohn Konrad II., den Hornburger 1040 als Bischof von Bamberg ein. Nachdem Heinrich III. auf seiner Italienreise die drei damals gleichzeitig amtierenden Päpste abgesetzt hatte, ernannte er seinen Begleiter Suidger zum neuen Oberhaupt der Kirche. Er wollte damit auch die Käuflichkeit kirchlicher Ämter, die sogenannte Simonie abschaffen. Heinrich bevorzugte einen nicht vorbelasteten Kirchenmann, der ihn zum Kaiser krönen konnte. Als Clemens II. krönte Suidger dann Heinrich zum Kaiser. Mit seiner Namenswahl setzte Suidger ein klares Zeichen für geplante Reformen.

Mit Blei vergiftet?

Ziel war die Abschaffung der Priesterehe und das Ende der Simonie. Einige Historiker bezeichnen Clemens II. daher als ersten Reformpapst. Nach nur zehn Monaten starb der Hornburger Papst und konnte deshalb in seiner kurzen Amtszeit kaum nachhaltige Anstöße vorweisen. Er wurde in seinem Bistum in Bamberg beigesetzt. Noch heute ist dies das einzige Papstgrab nördlich der Alpen. In moderner Zeit wurde dem in Bamberg beigesetzten Leichnam eine Rippe entnommen und von Gerichtsmedizinern untersucht. Man fand heraus, dass seine Knochen eine sehr hohe Bleikonzentration enthielten. Es gibt daher die These, dass Clemens II. ermordet wurde. Es kann sein, dass ihn Widersacher mit Bleiacetat vergiftet haben. Dieser sogenannte Bleizucker wurde damals dem Wein als Süßungsmittel beigemengt. Seit 2005 erinnert an den berühmtesten Sohn der Stadt Hornburg eine Statue. Die Braunschweiger Bildhauerin Sabine Hoppe schuf 2005 die kleine Plastik, die heute ihren Platz vor der Marktkirche hat.

Schicksalsjahre einer Burg

Im Lauf der Jahrhunderte war die Hornburg mehrfach Angriffsziel feindlicher Truppen. Differenzen mit den sächsischen Fürsten führten 1133 zur Zerstörung durch Heinrich IV., 1179 war es Herzog Heinrich der Löwe, der aus Zorn darüber, dass ihm sein Vetter, Kaiser Friedrich I., Barbarossa, die Lehen für die Länder Sachsen und Bayern aberkannte, die Städte Hornburg und Nordhausen zerstörte. Im Dreißigjährigen Krieg (1626) stürmten die schwedischen Truppen unter ihrem Feldherrn Tilly die Burg, 1645 wurde sie vom schwedischen General Hans Christoph Graf von Königsmarck in Schutt und Asche gelegt. Erst zu Beginn des 20. Jahrhunderts mit dem teilweisen Wiederaufbau und der Umwandlung in Privaträume, kehrte wieder Frieden ein.

↖ Ganz Hornburg ist ein Blickfang für Fachwerkfans. Überall finden sich bunte Schnitzereien an den Gebäuden.
← Seit dem 16. Jahrhundert klappert die Hagenmühle in Hornburg am Bach. Heute wird hier Strom erzeugt.
↗ Der Hopfenspeicher wurde in den letzten Jahren frisch renoviert und erstrahlt nun wieder in neuem »alten« Glanz.

TIPP

VIA ROMEA

Hornburg liegt an einer alten Pilgerstraße. Die Via Romea führt von Stade bis nach Rom. Auf ihren 1900 Kilometern Länge streift sie auch den Nordharz. Die entsprechende Etappe startet auf dem Stadtmarkt von Wolfenbüttel und führt über gut 22 Kilometer bis in die Geburtsstadt von Clemens II. Direkt im Anschluss lohnt es sich, auf der nächsten Etappe weiter in den Harz zu wandern. Elf Kilometer Fußmarsch sind es über die ehemalige innerdeutsche Grenze bis nach Osterwieck. Entlang des kleinen Fallsteins bieten sich auf dieser Tour lohnende Ausblicke über das Harzvorland auf den Harz. Eine andere Etappe führt auf einer Strecke von 32 Kilometern von Hornburg nach Wernigerode. Der Pilgerweg geht auf Abt Albert von Stade zurück, der 1226 nach Rom aufbrach.

WEITERE INFORMATIONEN

Stadtmarketing Hornburg
Pfarrhofstraße 5
38315 Hornburg
www.hornburg-erleben.de/erkunden
April–Okt. Mo, Do, Fr 9–12, Di 9–12 und 14–16, Sa 10.30–12 Uhr

Via Romea
www.viaromea.de/pilgerweg/harz

Wissenswertes zu Land und Leuten erfahren Interessierte im 1972 eröffneten Heimatmuseum.

38

LIEBENBURG

KUNST IN DER LANDSCHAFT

Hoch über dem kleinen Ort Liebenburg ragt der Burgberg auf. Wer sich zu Fuß auf den Weg hinauf macht, erlebt Kunst und Natur zugleich. Der ortsansässige Künstler Gerd Winner errichtete in der Landschaft einen ungewöhnlichen Skulpturenpark.

Gewaltige Kunstwerke aus Stahl laden die Spaziergänger zum Nachdenken und Verweilen ein. Das rostende Material aus dem Stahlwerk im nahen Salzgitter verwittert langsam und wird so ein Teil der Umgebung. Oben auf dem Berg erheben sich Burg und Schloss Liebenburg. Mitte des 18. Jahrhunderts begann man, auf den Wall- und Befestigungsanlagen einen Schlosspark zu errichten. Die terrassenförmigen Anlagen wurden nie vollendet, da der Kurfürst und Fürstbischof Clemens August 1761 starb. Skulpturen, wie sie im Barock üblicherweise die Parks schmückten, wurden deshalb nie aufgestellt. 2009 errichtete der neue Schlossherr Gerd Winner die Kunstwerke Dreischeibenkreuz, Sonnenpfeil und Himmelsscheibe. Bodenständig ruhen sie nicht auf Sockeln,

sondern stehen direkt auf dem Rasen. Sie knüpfen direkt an den Friedensweg von Paris nach Moskau an. Auf ihn treffen sie im Strautetal und verbinden sich mit neun Werken internationaler Künstler. Seitdem ergänzen weitere Werke mit den Titeln *Kreuzlabyrinth, Flamme des Geistes, Jesu Kreuzweg, Sinai, Portal der Ankunft* und *Andreasportal* die Outdoor-Ausstellung. Diese Idee geht auf den Maler Otto Freundlich zurück, der sie bereits 1928 entwickelte und 1943 im Konzentrationslager starb. 1970 griff der Bildhauer Leo Kornbrust die Idee auf, sodass mittlerweile in Verdun, St. Wendel, Lamspringe, Salzgitter-Bad, Berlin, Słupsk, Warschau und Moskau mehr als 80 Skulpturen eine »Straße des Friedens« bilden.

Kunstwerke beflügeln die Fantasie

Winners Kunstwerke sind in ihrer Idee und Form vielschichtig und fügen sich als Teil der Landschaft harmonisch in die Umgebung ein. Der stählerne *Sonnenpfeil* erhebt sich wie gestanzt aus einer 2 x 3 Meter großen massiven Platte. Das *Dreischeibenkreuz* besteht aus drei massiven Stahlplatten und öffnet sich nach oben. Die über zwei Meter hohe *Himmelsscheibe* wird von einem Dreieck im rechten Winkel gestützt. Sie ist Spiegel der Unendlichkeit, Sonnenscheibe, Mondspiegel. Die Kunstwerke fordern in ihrer Dreidimensionalität zum Umwandern auf, zum Wechsel des Standpunktes. Sie regen die Fantasie an und laden zum Verweilen ein.

Burg und Wachturm

Am Hang erreicht man den Flankierungsturm der im Dreißigjährigen Krieg geschleiften Burganlage. 2003 renoviert und mit einem durch ein luftiges Lichtband abgehobenen Dach versehen, blickt die Befestigungsanlage wehrhaft über das Land. Ein Zugang ist durch die Skulptur *Andreasportal* verschlossen. Eiserne Bänder versperren den Zugang, aber nicht den Durchblick. Im Inneren setzt das Bild *Friedensengel* einen farbigen Akzent.

Auf dem höchsten Punkt des Berges erreicht man den Hausmannsturm. Als Wachturm oberhalb der eigentlichen Burg errichtet, konnten herannahende Feinde schon auf weite Entfernung erspäht werden. Nach umfangreichen Sanierungsarbeiten führt im Inneren eine beeindruckende Spindeltreppe zu einer Aussichtsplattform hinauf, von der aus man einen der schönsten Rundblicke der Region genießen kann.

TIPP

KLEIN MAHNER – PARADIES FÜR EISENBAHNFANS

Unweit von Liebenburg in Klein Mahner kommen Eisenbahnenthusiasten auf ihre Kosten. Die Dampflok-Gemeinschaft 41 096 e.V. kümmert sich hier um Fahrzeuge und Gleisanlagen. Liebevoll gepflegte technische Zeugen alter Zeit werden zum Leben erweckt und erhalten. Von der Handhebeldraisine bis zur 2000 PS starken Dampflok wird ein großer Fuhrpark auf Schienen vorgehalten. Unregelmäßig werden Fahrtage veranstaltet, zu denen Gäste willkommen sind und den Charme der Mobilität alter Zeiten genießen können.

WEITERE INFORMATIONEN

Skulpturenweg am Burgberg
Burgberg
38704 Liebenburg
Das Areal ist ganzjährig frei zugänglich.

Dampflok-Gemeinschaft 41 096 e.V.
Warnestraße 3
38704 Klein Mahner
www.dg41096.de

← Im Hausmannsturm führt eine einzigartige Spindeltreppe nach oben zu einer Aussichtsplattform.
↑ Ehrenamtliche haben in Klein Mahner vielfältige Relikte der Bahngeschichte gesammelt und erhalten.

39

HARLINGERODE

HEIMAT DER SAURIER

Der Harz hat sein eigenes Bier, seine eigenen Pflanzenarten, ein Mammut und natürlich auch eigene Saurier. 1999 fand der Privatsammler Holger Lüdtke Teile eines Skeletts im Steinbruch Langenberg bei Oker-Harlingerode.

Was Lüdtke damals nicht wissen konnte: Es war die Entdeckung einer neuen Saurierart – eine paläontologische Sensation, wie Forscher des Landesmuseums Hannover schnell herausfanden. Vor ungefähr 154,7 Millionen Jahren lebten die Tiere dieser Art hier im flachen Wasser. Zu Ehren des Entdeckers wurden diese Saurier *Europasaurus holgeri* genannt. Im Steinbruch konnten Überreste von Tieren aller Altersgruppen gesichert werden mit Körperlängen zwischen einem halben und acht Metern. In den gleichen Bereichen fanden sich Fische, Vorläufer der heutigen Krokodile, Schildkröten und weitere Saurierarten. 40 Tonnen Kalkstein wurden dafür untersucht. Man geht davon aus, dass es vor Ort noch weitere Fossilien gibt. Im Saurierpark Münchehagen bei Hannover, Deutschlands größtem wissenschaftlichen Erlebnis- und Themenpark, kümmern sich Fachleute um die kostbaren Fundstücke. Bisher konnten über 1000 Knochen verschiedener Europasaurier präpariert werden. Herausragende Stücke sind dabei die Schädel: die ersten, die in Europa überhaupt gefunden wurden. Ein 2,5 Kilometer langer Rundweg führt zu 230 Rekonstruktionen von Dinosauriern und anderen Urzeittieren, die so lebensecht wirken, dass man sich beinahe mitten im Film *Jurassic Parc* wähnt. Dem berühmt-berüchtigten *Tyrannosaurus rex* begegnet man auf diesem Rundgang ebenso wie anderen ausgestorbenen Dino-Arten, darunter *Brachiosaurus, Stegosaurus* oder *Triceratops*. Darüber hinaus können die Besucher auf mehr als 300 versteinerten Dinosaurier-Spuren wandeln und viel Wissenswertes über diese faszinierenden Urzeitriesen im Dino-Labor mit angeschlossener Präparationswerkstatt erfahren. Familien können im Dino-Park ein Picknick veranstalten oder im Schnellimbiss einen Snack zu sich nehmen, auf die kleinen Besucher wartet ein Abenteuer-Spielplatz, und auf die Eltern eine Sonnenterrasse zum Relaxen mit Blick auf einen Teich, in dem sich Fische, Enten und Schildkröten tummeln. Natürlich gibt es auch einen kleinen Dinosaurier-Shop mit vielen hübschen Mitbringseln wie Plüschtieren, Dino-Shirts sowie Fossilien und Mineralien.

Artenreiche Landschaft

Das Betreten des Steinbruchs ist aus Sicherheitsgründen verboten. Eine Wanderung an seinem Rand lohnt sich dennoch. Der Bereich des östlichen Langenbergs ist seit 1987 als Naturschutzgebiet ausgewiesen. Viele Pfade und Wege führen durch die artenreiche Landschaft und erschließen die exponierte Kuppe. Die Landschaft ist geprägt von Trockenrasen. Am Steinbruchrand führt ein Weg entlang, der etliche Tiefblicke in das ehemalige Abbaugebiet freigibt. Von der Kante schweift der Blick weit in das nördliche Harzvorland. In unregelmäßigen Abständen werden in dieser Region Wildkräuterwanderungen angeboten, auf denen Kräuter gefunden und bestimmt werden. Am höchsten Punkt des Langenbergs steht seit einigen Jahren ein Gipfelkreuz, das von Anwohnern errichtet wurde. Wer mag, kann sich dort auch in ein Gipfelbuch eintragen. Der ursprünglich höchste Punkt war der Franzosenkopf, der dem Kalkabbau zum Opfer fiel. Dadurch schrumpfte der Berg um sechs Meter auf 298 Meter.

← Vom Rand des Steinbruchs bietet sich auf einer Wanderung durch eine vielfältige Pflanzenwelt ein tiefer Blick in die Erdgeschichte.
↓ Rasante Galopprennen begeistern die Besucher des Kurortes seit mehr als 100 Jahren.

TIPP

HARZBURGER RENNBAHN

Von Harlingerode aus gelangt man mit dem Auto in wenigen Minuten zur Harzburger Rennbahn. Einmal im Jahr findet hier die Galopprennwoche statt. Der 1880 gegründete Rennverein hatte schon damals den Tourismus im Blick und versuchte mit dieser neuen Attraktion die »Frequenz der Saison des Kurortes Bad Harzburg zu erhöhen«. Am heutigen Platz laufen die Vierbeiner seit 1908. Die ein Jahr später errichtete Haupttribüne bietet heute noch den Rennbegeisterten Schutz vor Sonne und Regen. Aus einem Rennwochenende wurde im Laufe der Jahre eine ganze Woche. Bei jedem Rennen gehen bis zu 16 Pferde auf eine der schönsten Naturrennbahnen Deutschlands. In dieser Zeit ist der Harzburger Golfplatz verkürzt, da ein Teil der Strecke über die Fairways führt. Rund um die Bahn ziehen sich die Weiden des ehemaligen Vollblutgestüts. Über 600 Jahre lang wurden hier Pferde gezüchtet, bis Anfang der Zweitausendzwanziger Jahre das Gestüt geschlossen und die Ländereien verpachtet wurden.

40

QUEDLINBURG

SAGENHAFTER HUND NAHE DER HÖLLE

Die bezaubernde Fachwerkstadt Quedlinburg, die fast wie ein übergroßes Freilichtmuseum anmutet, fasziniert die Besucher mit unzähligen historischen Häusern. Überragt von der Stiftskirche St. Servatii auf dem Schlossberg bietet das Städtchen Raum für entdeckungsreiche Spaziergänge.

Wer vom Markt kommend durch die Straße Stieg schlendert und in die nächste Gasse rechts einbiegt, befindet sich unvermittelt in der Hölle. Dort ist es allerdings weniger heiß und ungemütlich als vermutet. Die Hausnummer 11 ist der Höllenhof. Ein Haus, das im 13. Jahrhundert in verschiedenen Abschnitten errichtet wurde. Im Laufe der Jahrhunderte hatte das massive Steinhaus verschiedenste Bewohner. Mitglieder der Bruderschaft Corpus Christi, einen Stadtvogt, zwei Kämmerer, einen Stadtschreiber und andere mehr. Hier wurde Bier gebraut, und ab dem 19. Jahrhundert gab es dort neben Wohnungen auch eine Gaststätte. Später zog ein Filmtheater ein, der Kinosalon Fürstenhof. Zuletzt verfiel das Haus, bis es vor wenigen Jahren grundlegend saniert wurde und nun wieder unter seinem Dach Wohnräume und ein Architekturbüro beherbergt. Woher der Name Höllenhof stammt, ist allerdings nicht bekannt. Sicher ist, dass es bereits 1233 als die »Hölle Infernus« bezeichnet wurde. Für alle, die in der Nähe höllisch gut übernachten wollen, bietet das kleine, aber feine Fachwerkhotel »Vorhof zur Hölle« in fünf liebevoll renovierten Fachwerkhäusern kleine Apartments an.

Die Schöne und das Biest

Da zur Hölle auch ein Hund gehört, führt Quedlinburg diesen direkt im Stadtwappen. »Quedel« heißt das Tier. Auf dem Brustschild eines Adlers sitzt es im offenen Tor einer Befestigungsanlage mit zwei Türmen. Woher dieser Hund kommt, ist nicht offiziell überliefert. Das bietet natürlich Raum für Sagen und Geschichten. Eine erzählt, wie Kaiser Heinrich III. nach dem Tode seiner Frau seiner bildhübschen Tochter Mathilde nachstellte. Diese betete erfolglos zu Gott, er möge ihre Schönheit in Hässlichkeit verwandeln. Um dem Kaiser zu entgehen, sah sie nur die Möglichkeit, den Teufel um Hilfe anzuflehen. Als Gegenleistung für seine Hilfe sollte er ihre Seele bekommen, wenn er sie in drei Nächten schlafend vorfände. Als der Teufel jedoch des nachts kam, bellte Mathildes Hund »Quedel« jedes Mal und weckte sie rechtzeitig. Der Teufel geriet darüber so in Wut, da er ja ihre Seele nicht bekommen konnte, dass er Mathilde das Gesicht zerkratzte. Derart entstellt verlor Heinrich II. das Interesse an ihr. Zu Ehren ihres vierbeinigen Retters ließ Mathilde der Sage nach die Abtei Quedlinburg errichten. Die historische Mathilde war die dritte Tochter von Kaiser Heinrich III. und seiner zweiten Frau Agnes. Sie wurde nur zwölf Jahre alt und nach ihrem Tod vermutlich in Goslar begraben. Das Stift Quedlinburg hingegen hatte in Wirklichkeit eine andere Mathilde als Fürsprecherin. Sie war die Witwe von Heinrich I. und überzeugte ihren Sohn Otto I., dieses königliche Familienstift 936 zu gründen.

Ein menschengemachtes Teufelswerk hingegen ist der Raub des Quedlinburger Domschatzes. Wer sich dafür interessiert, sollte das 1996 erschienene Buch *Quedlinburg – Texas und zurück* der Autoren Siegfried Kogelfranz und Willi A. Korte (Knaur Verlag) lesen. Darin geht es um den dreisten Schwarzhandel mit geraubter Kunst. Im Fall von Quedlinburg mit Happyend. Liest sich spannend wie ein Krimi!

← Das historische Rathaus dominiert noch heute den Markt, wo Cafés und Läden die Gäste zum Verweilen und Stöbern einladen.
↓ Behutsam restauriert zeigt die Fassade des Höllenhofs die Spuren seiner vielfältigen Geschichte.

TIPP

QUEDLINBURGER SENFMANUFAKTUR
Noch mehr Hölle gibt es für die Geschmacksnerven. In der Quedlinburger Senfmanufaktur gibt es diverse Sorten mit Chili. Teuflisch gut sind aber auch der Mephisto-Senf und der Teufels-Senf. Seit mehr als 15 Jahren stellt Sabine Seiboth verschiedene Senfsorten in der Weltkulturerbe-Stadt her. Mittlerweile produziert sie die Spezialitäten zusammen mit fünf Mitarbeitern. Die gelernte Biologielaborantin stützt sich bei der Arbeit in ihrer Manufaktur teilweise auf alte Rezepturen. Ihr erstes Rezept stammt von Archäologen, die in Mitteldeutschland Senf bei Ausgrabungen entdeckten. Der Senfladen liegt direkt um die Ecke vom berühmten »Finkenherd«, wo Sachsenherzog Heinrich gerne den Vögeln nachstellte.

WEITERE INFORMATIONEN
https://senf-shop.com

41

OSTERWIECK

HESSEN LIEGT AM FALLSTEIN

Das Dörfchen Hessen bei Osterwieck wird von einem gewaltigen Bauensemble dominiert, dessen beide Türme hoch in den Himmel ragen. Wo sich ehemals eine mittelalterliche Wasserburg befand, entstand im 16. Jahrhundert ein Renaissanceschloss mit Lustgarten.

Dieser noble Landsitz diente den Herzögen von Braunschweig-Lüneburg als Sommerresidenz, danach als Jagdschloss, in späteren Jahren wurden die Gebäude größtenteils zu landwirtschaftlichen Zwecken genutzt. Kern der Anlage Schloss Hessen ist die Hauptburg aus dem Mittelalter und eine sich direkt anschließende kleine Unterburg. Um die beiden Trakte zog sich ein schützender Wassergraben. Ursprünglich war die Hauptburg durch ihre vier Flügel rundherum geschlossen. Der Nordflügel existiert heute nicht mehr, er wurde 1972 abgerissen, nachdem bereits 1948 der Westflügel abgetragen worden war. Dies geschah, um den herrschaftlichen Charakter des Bauwerks aufzuheben. Die sowjetischen Besatzer waren nicht an deutscher Bauhistorie interessiert! Portale wurden damals zugemauert, und nur der Protest der Bürger konnte den vollständigen Abriss verhindern.

Der Bergfried der Hauptburg wurde zu Wohnzwecken genutzt und dazu um das Jahr 1560 mit Fernstern versehen. Ein Treppenturm im Burghof wurde in der gleichen Zeit angebaut. Der alte Zugang lag im dritten Stock des Südflügels.

Mittelalterliches Prestigeobjekt

Auch der Bergfried der Unterburg ist noch erhalten. Nahezu fensterlos und wehrhaft ragt er 45 Meter in die Höhe. Da es im Inneren keinerlei Stockwerke gibt, liegt die Vermutung nahe, dass er dem Burgherrn nur als Statussymbol diente. Schon damals war es nicht unüblich, Gebäude zu Prestigezwecken zu errichten. Auf Schloss Hessen wurde am 15. Oktober 1564 der spätere Herzog Heinrich Julius von Braunschweig-Lüneburg geboren und im Alter von zwei Jahren zum Bischof von Halberstadt ernannt. Er galt als einer der gelehrtesten Herrscher seiner Zeit. Von einer seiner Reisen, die ihn nach England führte, soll er die erste Kartoffelpflanze mit nach Deutschland gebracht haben. In die Amtszeit des »Renaissancefürsten« fallen aber auch zahlreiche Hexenverfolgungen. In Prag, wo er seit 1607 in kaiserlichen Diensten stand, starb er 1613 unter ungeklärten Umständen – eine Ermordung ist nicht auszuschließen. Er wurde in der Marienkirche von Wolfenbüttel zur letzten Ruhe gebettet.

Die Bronzefiguren, die einst die Schlossfassade geziert haben, können heute in diversen Kunsttempeln besichtigt werden, darunter im Herzog-Anton-Ulrich-Museum in Braunschweig, aber auch im Pariser Louvre und im Amsterdamer Rijksmuseum.

Kulturelle Nutzung

In der DDR verfiel das Schloss zusehend. Im ehemaligen Lustgarten wurde die Pflanzenzucht der örtlichen LPG angesiedelt. Die Dächer waren undicht, und die Bausubstanz litt stark. Mit der Wende wurden umfangreiche Sanierungsmaßnahmen durchgeführt. Seit 1995 treibt ein Förderverein die Restaurierung des Komplexes voran. Ausgrabungen brachten neue Erkenntnisse zur Baugeschichte ans Tageslicht. Unter anderem fanden sich verschüttete Reste eines Ziehbrunnens. Der Verein strebt die Nutzung des Areals für vielfältige kulturelle Zwecke an. Aktuell wird die Steinscheune zu einer Kulturscheune als multimediales Erlebniscenter ausgebaut. Das Schloss ist im Rahmen von Führungen zugänglich. Jedes Jahr beleben verschiedenste Veranstaltungen den Schlosspark und die Gebäude.

TIPP

BESUCH IM TIERARZTMUSEUM

Alles, was ein Tierarzt an Instrumenten benötigt, zeigt das Tierarztmuseum der Familie Küchenmeister in Badersleben. Präparate und Arbeitskleidung der Veterinärmediziner sind ebenso zu sehen wie Bezoare. Dabei handelt es sich um Verklumpungen aus verschluckten Materialien, die sich beispielsweise im Magen oder Pansen von Rindern finden. Das können nicht nur die eigenen Haare, sondern auch diverse Fremdkörper sein. Manche der Ausstellungstücke sind über 150 Jahre alt. In diesem ersten privaten Tierarztmuseum Deutschlands wird die Entwicklung der tiermedizinischen Gerätschaften auf engstem Raum gezeigt und dokumentiert. Das Museum ist in der historischen Wassermühle des Dorfes eingerichtet, die Mühle und die anschließenden Gebäude sind ein barocker Dreiseitenhof. Die technische Einrichtung der Schrotmühle ist vollständig erhalten.

← Die zwei Türme sind das Wahrzeichen von Schloss Hessen. Wehrhaft präsentieren sie sich noch heute als steinerne Zeugen der Vergangenheit.
↑ Die Anlage bietet vielfältige Ein- und Durchblicke und konnte in den letzten Jahren mit Fördergeldern wieder restauriert werden.

Der Seeburger See: ein Refugium für Pflanzen und Tiere, aber auch ein Freizeitparadies für Anwohner, in dem sanfter Tourismus dafür sorgt, dass es allen gut geht.

DER SÜDEN

Altes Bauernland, Grabhügel aus der Bronzezeit, Urzeitriesen, rätselhafte Wasser, Max & Moritz, Rittergüter und Funktürme, wo im Kalten Krieg der Feind ausgespäht wurde

42

AULEBEN

HUMBOLDTSCHE ENTDECKUNG

Die Region um Auleben ist altes Bauernland. Landwirtschaft ist dort früher wie heute ein wichtiger Wirtschaftsfaktor. Auf den sanft hügeligen Flächen gedeihen in fruchtbaren Böden Feldfrüchte. Seit Tausenden Jahren leben und wirtschaften hier Menschen. Von ihnen zeugen Grabhügel aus der Bronze- und Jungsteinzeit.

Die große Ausdehnung und die lange Belegungszeit des Gräberfeldes sind herausragend in Thüringen. Funde deuten darauf, dass in der Bronzezeit hier reger Salzhandel getrieben wurde. Kein Wunder, dass sich rund um Auleben seit dem Mittelalter fünf Rittergüter angesiedelt haben. Bekannt wurde jedoch nur eines von ihnen. Am 29. Juni 1791 heiratete Wilhelm von Humboldt in Erfurt die 26-jährige Caroline von Dacheröden, wovon heute noch ein Schild am Anger 37, dem Haus Dacheröde, kündet. Wahrscheinlich war Caroline eine der wichtigsten »Entdeckungen« in Humboldts an Erkenntnissen überreichen Leben. 1789 hatte der Staatsmann und Kulturwissen-

schaftler sich heimlich mit der intellektuellen und fortschrittlich denkenden jungen Frau verlobt. Nach der Hochzeit lebte das Paar von August 1792 bis März 1793 auf dem Landgut des Schwiegervaters in Auleben, des preußischen Kammerpräsidenten Karl Friedrich von Dacheröden. Humboldt erinnerte sich zeitlebens an »unsere unbeschwerte Jugendzeit«. Die beiden Frischvermählten erlebten dort ein wundervolles Weihnachtsfest und widmeten sich gemeinsam altgriechischen Sprach-, Kunst- und Philosophiestudien. Sie pflegten einen regen Austausch mit dem Altphilologen Friedrich August Wolf, der aus dem nahen Hainrode bei Nordhausen stammte, zu dieser Zeit in Halle lehrte und dort 1787 das philologische Seminar gegründet hatte. 1809 erbte Caroline das Gut, und Wilhelm kehrte mehrfach für Inspektionen dorthin zurück. Caroline hatte zudem in ihrer Kindheit hier glückliche Zeiten verbracht. Die Ausblicke vom nahen Höhenzug Solberg auf Harz und Kyffhäuser soll sie besonders geliebt haben.

Wohnstatt Rittergut

Den heute als Humboldtsches Schloss bekannten Bau ließen die Fürsten von Schwarzburg-Sondershausen im Jahr 1518 errichten. Bereits vorher muss hier eine Befestigungsanlage gestanden haben. Auf dem Gelände erhebt sich ein zwölf Meter hoher platter Hügel, der auf eine Turmhügelburg hindeutet. Ein solches *Château à Motte* ist eine sehr alte Bauform. Eine Darstellung solcher frühen Burgen findet sich übrigens auf dem Wandteppich von Bayeux aus dem frühen 11. Jahrhundert. Eigentlich handelt es sich um keine richtige Burg, sondern nur um einen steinernen oder hölzernen Turm auf einer kleinen Erdaufschüttung. Man kann daher davon ausgehen, dass das Humboldtsche Schloss das älteste Rittergut des Dorfes ist.

Vom Schloss zur Schule

Das Anwesen wechselte im 19. Jahrhundert mehrfach die Besitzer. 1945 wurde es enteignet und ist seitdem im staatlichen und kommunalen Eigentum. Von 1959 bis 1987 war im Schloss eine Grundschule untergebracht – eine Nachnutzung, die Caroline und Wilhelm sicherlich gefallen hätte, schließlich hatte Caroline acht Kindern das Leben geschenkt (drei von ihnen starben bereits im Kindesalter). Heute erinnert das Humboldtzimmer im Schloss an den großen preußischen Gelehrten Wilhelm von Humboldt und seine enge Beziehung zum Südharz.

TIPP

SCHLOSS HERINGEN

Für alle, die noch mehr Burgen und Schlösser sehen möchten, bietet die Nachbarschaft von Heringen noch einen Blickfang: Im Ort erhebt sich ein leuchtend weißer, monumentaler Bau. Burgartig zeugt das Schloss Heringen davon, dass bei den Frankenkönigen und auch bei den Ottonen der Südharz beliebt war. Der heutige Bau stammt aus dem Jahr 1320. Mit fünf Stockwerken war es das höchste weltliche Gebäude der damaligen Zeit in Thüringen. Die Grafen von Hohenstein verliehen 1389 Heringen Stadtrecht und erbauten eine noch heute in Teilen sichtbare Wallanlage zur Befestigung der Stadt. Von 1570 bis 1575 wurde der mittelalterliche Bau zu einem Renaissanceschloss umgestaltet. In den Räumen ist heute ein Museum untergebracht, in dem auch Multimedia-Guides für das älteste Dorf Thüringens ausgeliehen werden können. Hier kann man auch die »Dame der Goldenen Aue« treffen.

WEITERE INFORMATIONEN

Humboldtsches Schloss
www.stadt-heringen.de/ausflugsziele.html

← Das Humboldtsche Schloss ist eines von vielen Rittergütern im kleinen Ort Auleben. Hier verlebte Humboldt mit seiner Frau Caroline glückliche Jahre.
↑ Im Schloss Heringen sind Treppen und Türen aufwendig gestaltet und sorgen für Einblicke und Zugänge gleichermaßen.

43

DUDERSTADT

KINDERSTUBE FÜR FLEDERMÄUSE

Mit mehr als 700 Jahren ist das Rathaus in Duderstadt eines der ältesten in Deutschland. 1984 würdigte die Bundespost das einmalige Ensemble sogar mit einer eigenen Briefmarke. Vom Keller bis zum Dach atmet dieses Gebäude Geschichte.

Zu Beginn des 14. Jahrhunderts als *Kophus* (Kaufhaus) erbaut, diente es späteren Generationen auch als Verwaltungs- und Gerichtsgebäude. Und ganz oben, da, wo nur noch der Himmel kommt, birgt es ein spannendes Geheimnis: ein Fledermaus-Naturreservat. Unzählige flatterhafte Bewohner leben mittlerweile in dem Gebäude – kleine soziale Wesen, für die der alte Bau Heimat und Rückzugsort zugleich ist: Fledermäuse. Im Sommer fliegen sie ein und aus und besiedeln den Dachboden. Im Winter ziehen sie von ihrer Kinderstube um in ihre Winterquartiere, in Höhlen im Ohmgebirge. Dort warten sie schlafend auf den Frühling. Hausmeister Markus Merten kümmert sich in seiner Freizeit liebevoll um die kleinen Wesen. Er sorgt dafür, dass sie nicht gestört werden, und falls notwendig, füttert er Jungtiere auch und päppelt sie auf. Kein Wunder, dass der Zugang zum Dachboden streng untersagt ist. Nichts soll die flauschigen Flugkünstler in ihrer Ruhe stören. Das sogenannte Große Mausohr braucht geschützte Lebensräume. Seit einigen Jahren ermöglicht eine Kamera jedoch den Einblick in diese besondere Welt. Auf einem Monitor wird das Bild von Infrarotkameras übertragen. Auf diese Weise können Besucher Eindrücke von einer Welt ohne Licht bekommen, wie sie sonst nicht möglich wären.

Die Schönen der Nacht

Neben dem »Fledermaus-TV« informiert eine Ausstellung im 4. Stock unter dem Motto »Natur erleben« über diese faszinierenden Säugetiere. Infotafeln in den Beobachtungsstationen geben Einblicke in eine Welt, die nicht optisch, sondern akustisch mittels Schallwellen von ihren Bewohnern erfasst wird. Das Große Mausohr ist durch das Bundesartenschutzgesetz streng geschützt. Außer den beeindruckenden kleinen Wesen birgt das Rathaus noch weitere Geheimnisse. Wer beispielsweise noch höher hinaufsteigt, kann von einem der Rathaustürme weit über die Stadt und ins Land blicken. Von der Turmstube ist auch das Jagdrevier der Fledermäuse zu sehen.

Der Scharfrichter von Duderstadt

Von ganz oben lohnt es sich, nach ganz unten zu steigen. Hier im Keller hat der Scharfrichter seine Räume. Auf gelegentlichen Stadtführungen (jeden dritten Samstag im Monat) nimmt Claus Ludwikowski alias Hans Zinke Besucher mit hinab in sein düsteres Reich und durch die nächtlichen Gassen der Stadt. Dann teilt er sein schauriges Wissen, gibt Einblicke in sein Handwerk, eine Welt der Justiz, der Bestrafungen und unter Folter erzwungenen Geständnisse. Wenn Claus, der im wahren Leben als Datenschützer arbeitet, in sein mittelalterliches Gewand schlüpft, mutiert er unwillkürlich zu Hans Zinke, dem Scharfrichter. Der kennt sich aus mit der menschlichen Anatomie, weiß, wo es weh tut, aber auch, wie man Glieder wieder einrenkt. Spannende Einblicke sind garantiert, denn im dunklen Mittelalter galten für Recht und Gerechtigkeit andere Kriterien als heute. Und einer musste sie schließlich umsetzen: Hans Zinke, Scharfrichter seit 1499 und mehr als ein abgebrühter Henker. Darauf versteht sich Claus Ludwikowski, Gästeführer mit Hang zum Groben, wie er selbst von sich sagt. Nichts für sensible Gemüter!

← Die gewaltige Dachkonstruktion des Rathauses zieht Fledermäuse an und beeindruckt auch heute noch die Besucher.
↓ Der Zugang zur Rathausdiele wird von einer Skulptur gut bewacht. Sie ist Teil der bunten eindrucksvollen Fassade des historischen Gebäudes.

TIPP

SULBERGWARTE
Um sich einen Überblick über Duderstadt zu verschaffen, lohnt ein Spaziergang zur Sulbergwarte. Schon der Kupferstecher Merian zeigte den Turm auf einem Stich von 1646. Noch heute ist er weithin sichtbar. Um 1400 erbaut, diente die Sulbergwarte dazu, anrückende Feinde schon von Weitem zu erkennen. Ein guter Startpunkt ist die Kunsthalle HGN. Ihr Besuch lohnt sich vor oder nach der kleinen Wanderung. Der Duderstädter Professor Hans Georg Näder hat an diesem Ort beeindruckende Kunstwerke aus aller Welt zusammengetragen.

WEITERE INFORMATIONEN

Rathaus Duderstadt
Marktstraße 66
37115 Duderstadt
www.tourismus.duderstadt.de
Fledermausführung: Termine auf Anfrage

44

BAD SACHSA – RAVENSBERG

VULKAN DER SPIONE

Schon von Weitem lässt sich der Ravensberg von den umstehenden Höhen unterscheiden. Auf seinem Gipfel steht seit 1970 ein markanter Funkturm, der das Plateau um 64 Meter überragt. Von hier hörte der Bundesnachrichtendienst einst vermutlich weit in den Osten hinein.

Ein ähnlicher, von der Luftwaffe genutzter Turm stand auf dem Stöberhai bei Osterode. Von der 762 Meter hohen Schalke lauschten wiederum die Franzosen und vom Wurmberg bei Braunlage die Amerikaner, um in Erfahrung zu bringen, was der Feind funkte. Hier im Harz standen sich die Weltmächte Auge in Auge und Ohr in Ohr gegenüber. Jeder auf seinem Berg. Während die Türme bei Goslar, Braunlage und Osterode verschwunden sind, als sie nach dem Kalten Krieg nicht mehr gebraucht wurden, ist der auf dem Ravensberg noch als Fernmeldemast in Betrieb. Hinsichtlich der Nutzung des Turms gibt es verschiedene Vermutungen. Den Vorgängerbau, einen Holzturm,

betrieben wenige Jahre die Amerikaner. Der jetzige Turm wurde wahrscheinlich vom deutschen Geheimdienst als Horchposten genutzt. Von hier hörte man den militärischen Funkverkehr im Ostblock ab. Erst nach der Wende wurde die Telekom Besitzer des Gebäudes. Heute versorgen die Antennen unter anderem den Südharz mit Digitalradio. Im Inneren des mit großen Antennenträgern ausgestatteten Turms gibt es keine Schutzräume. Der Horchposten auf dem Stöberhai bei Osterode war da besser ausgestattet. Ein Gefechtsstand und ein Bunker hätten im Ernstfall den Zugang sichern und die Menschen im Inneren schützen können. Bis 1991 wurde die Anlage sogar noch ausgebaut. Die dortigen Anlagen wurden nach Schließung im Gegensatz zum Ravensberg zurückgebaut. Nach jahrelangen Rechtsstreitigkeiten wurde der Stöberhaiturm (»Hai« kommt vom Begriff Hain!) im September 2005 kontrolliert gesprengt.

Lava und Kristalle

Der 659 Meter hohe Gipfel des Ravensbergs ist bequem mit dem Auto zu erreichen. Von oben schweift der Blick über den Harz bis weit nach Thüringen und zum Kyffhäuser. Kaum zu glauben, dass man hier auf der Spitze eines urzeitlichen Vulkans steht. Zähflüssige Lava, die vor fast 300 Millionen Jahren erstarrte, schuf den Berg. Zweimal spie der Vulkan so viel Lava aus, dass sich zwei Schichten über die Hänge ergossen haben. Dort, wo sie auf das vorhandene Gestein trafen, bildeten sich Drusen, die mit ihren Kristallen heute beliebte Sammlerobjekte sind. Wer sich zu Fuß auf den Aufstieg macht, passiert kurz unterhalb des Gipfels den Dreiherrenstein. Der kleine Grenzstein bezeugt, dass an dieser Stelle einst das Herzogtum Braunschweig und die Königreiche Preußen und Hannover zusammentrafen. Die eingravierten Buchstaben S für Sachsa in Preußen, L für Lauterberg Forst im Hannoverschen und W für Walkenried im Braunschweigischen markieren den Grenzpunkt der drei Länder.

Bei Freizeitsportlern beliebt

Heute führt der Harzer BaudenSteig über den Berg und bringt auch Fernwanderfreunde nach oben. Dort angekommen lädt die Ravensberg Baude, ein Berghof, die Besucher mit Getränken sowie warmen und kalten Speisen zur Rast ein. In der Wintersaison erfreut das Skizentrum Bad Sachsa Wintersportler mit leichten und mittelschweren Abfahrten auf einem Streckennetz von 4,5 Kilometern, drei Liften und einer Rodelbahn.

TIPP

KLOSTER WALKENRIED

Knapp elf Kilometer sind es mit dem Auto vom Gipfel des Ravensbergs bis zum Kloster Walkenried. Hier befindet sich eines von drei Infozentren des UNESCO-Welterbes »Bergwerk Rammelsberg, Altstadt von Goslar und Oberharzer Wasserwirtschaft«. Neben Goslar und Clausthal-Zellerfeld finden Besucher hier ausführliche Informationen über die 200 Quadratkilometer große Welterbelandschaft im Harz. Ein zentrales 3D-Landschaftsmodell vermittelt mit einer Multimediainstallation die Zusammenhänge des Welterbes im Harz, Audiostation wecken die Lust, selbst auf Tour zu gehen und diese direkt an einem Computer zu planen. Die Planungen lassen sich vor Ort ausdrucken oder per QR-Code ins Smartphone übertragen, und schon kann es hinausgehen an die vielfältigen Originalschauplätze.

WEITERE INFORMATIONEN

Ravensberg Baude
Ravensberg 1
37441 Bad Sachsa
www.berghof-ravensberg.de
Do–So 11–17 Uhr

← Der Turm ist das weithin sichtbare Wahrzeichen von Bad Sachsa und ein Zeugnis der jüngeren Geschichte.
↑ In Walkenried sind Kreuzgang und Ruinen der Klosterkirche beredte Zeitzeugen vom Wirken der Zisterzienser Mönche.

45

HÜNSTOLLEN

VOM STUHL ZUM STOLLEN

Bei Holzerode erhebt sich ein 423 Meter hoher Berg. Noch heute ist es bei den Einheimischen üblich, ihn mindestens einmal im Jahr zu erklimmen. Sein altdeutscher Name lautet Hünenstuhl, heute ist er als Hünstollen bekannt. Die Dorfbewohner kamen früher allerdings nicht zu Freizeitzwecken hinauf.

Der Berg und seine Lage boten den Bewohnern einst Schutz vor Angreifern. Auf drei Seiten schützen Steilhänge den Hünstollen. Da ist es nicht verwunderlich, dass hier oben schon vor 2500 Jahren eine Fluchtburg erbaut wurde. Die ungeschützte Seite im Westen war durch Ringwälle gesichert. Metallfunde aus der vorrömischen Eisenzeit, also 500 Jahre vor der Zeitrechnung, und aus dem hohen Mittelalter – den Jahrhunderten zwischen 800 und 1100 –, konnten bei archäologischen Grabungen sichergestellt werden. Die komplette Anlage dehnte sich über

220 Meter in der Länge und 185 Meter in der Breite aus. Drei Wälle schützten im Mittelalter die Bewohner. Der mittlere und der äußere Wall lassen sich auf die Eisenzeit datieren. Hier gab es offensichtlich keine Holzeinbauten – im Gegensatz zum inneren Wall, der überdies mit Steinmauern befestigt war. Diese Trockenmauern zogen sich wahrscheinlich ganz um die Bergnase.

Beliebtes Ausflugsziel der Göttinger

Für die nötige Weitsicht sorgt seit dem Jahr 1913 ein Aussichtsturm im Plessewald, der auf Wanderwegen zu erreichen ist. Ausflügler aus Göttingen kamen bereits Ende des 19. Jahrhunderts gerne hierher, um sich an der herrlichen Natur zu erfreuen. Daher ließ der Göttinger Verschönerungsverein einen Turm erbauen, von dem man einen weiten Blick über die Bäume genießen konnte. Nach umfangreichen Renovierungsmaßnahmen kann er heute wieder bestiegen werden. Die Sanierungsarbeiten erwiesen sich als eine echte Herausforderung, da im Jahr der Arbeiten der Monat Mai von Starkregen, Kälte, Sturm und Schnee geprägt war. Inzwischen reicht der Blick wieder gen Nordosten über das Eichsfeld bis zum Brocken und nach Süden zum Solling.

Der Mäuseturm

Unweit gibt es noch einen weiteren Turm zu bewundern: den Mäuseturm. 13 Meter hoch ragen seine steinernen Überreste auf. Hier befand sich im Mittelalter an einer Wegkreuzung das Dorf Moseborn. Doch bereits im Spätmittelalter war es wieder verlassen. Heute zeugt nur noch der ehemalige Kirchturm von dieser Siedlung. Offensichtlich handelte es sich bei dem einstigen Gotteshaus um eine typische Wehrkirche ohne Langhaus. Solche Kirchen dienten nicht nur religiösen Zwecken, sondern auch dem profanen Schutz der Bevölkerung. Hinter den dicken Mauern suchten sie Zuflucht vor Angreifern. Zeitweise hielt man den Turm für die Reste eines Zollhauses auf der Strecke zwischen Göttingen und Goslar. In der topografischen Landesaufnahme von 1785 trägt er jedoch die Beschriftung »Mauseberger Thurm, ehemalige Kirche«. Rund um den Turm sind sogenannte Wölbäckersysteme zu erkennen: Durch eine spezielle Art des Pflügens sind gewölbte Äcker entstanden. Der Siedlung selbst war wenig Glück beschieden. Aller Wahrscheinlichkeit nach bestand sie nur etwa 200 Jahre lang. Die Äcker wurden nach Auflassung des Dorfes durch die abgewanderten Bewohner von den umliegenden Dörfern Spanbeck und Oberbillingshausen aus bewirtschaftet.

← Der Mäuseturm ist das letzte Relikt einer mittelalterlichen Siedlung am Fuß des Hünstollens.
↓ Die Burg Plesse steht auf einem Berg hoch über der Ebene. Ihre Türme sind auch von der Autobahn 7 schon von Weitem zu sehen.

TIPP

BURG PLESSE

Nicht weit entfernt erhebt sich die Burg Plesse. Sie steht auf einem Felsen aus Muschelkalk oberhalb der Ortschaft Bovenden. Ihr ehemals 30 Meter hoher Bergfried büßte durch Kanonenbeschuss sieben Meter ein. Ein beeindruckendes Zeugnis vergangener Zeiten ist er dennoch geblieben. Schon von der BAB 7 kann man ihn leicht ausmachen. Daneben verfügt die Plesse über einen sagenumwobenen Brunnen: Ein Gang verbindet sie angeblich mit einem Keller der Domäne in Eddigehausen. 1015 erstmals urkundlich erwähnt, war die Anlage bis etwa 1660 bewohnt und verfiel dann. Nur 100 Jahre später war sie ein beliebtes Ausflugsziel der Göttinger. Nachdem König Georg IV. die Burg 1853 besuchte, stellte er umfangreiche Mittel zum Erhalt der Ruine zur Verfügung und ließ eine Gaststätte einrichten. Noch heute kann man in der Burgschänke rasten und sich nach einer anstrengenden Wanderung stärken.

46

BREITUNGEN

WASSER IN EPISODEN

Wer bei Breitungen zum Bauerngraben wandert, kann sich auf eine Überraschung gefasst machen: Hier befindet sich eine große Bachschwinde. Was bei Trockenheit wie ein aufgelassener Steinbruch aussieht, ist eine natürliche Besonderheit der Gipskarstlandschaft im Südharz.

Solche Bachschwinden sind in diesem Gebiet keine Seltenheit, der Bauerngraben besticht jedoch durch seine außergewöhnlichen Ausmaße. Hier entsteht zeitweise ein See von 450 Metern Länge und einer Oberfläche von bis zu 3,4 Hektar. Ein entspannter Spaziergang führt vom Wanderparkplatz an der Landesstraße 234 südlich von Agnesdorf bis zum See oder zu der Stelle, wo der See wäre, wenn es denn Wasser gäbe. Der Weg führt durch einen lichten Laubmischwald. Hin und wieder bieten sich von Bäumen umrahmte Ausblicke in die hügelige Südharzlandschaft. Gespeist wird der See vom Glasebach. Sein Wasser versickert oft in den Spalten der Karstlandschaft,

kann sich aber auch in der Senke anstauen. Trocken- und Nassphasen wechseln sich in kurzen Abständen ab. Es ist kaum vorhersehbar, ob man einen Teich oder eine Wiese vorfindet, wenn man sich auf den Weg hierher macht. Rechts und links des Pfades finden sich etliche Erdfälle und zeugen von der unterirdischen Beschaffenheit des Karstgebietes. Ein Verlassen des ausgeschilderten Weges ist deswegen nicht ratsam.

Streit ums Wasser

Das Rätsel um den See konnte bereits im 18. Jahrhundert gelüftet werden. Im Jahr 1755 stießen Bergleute auf einen mit Wasser gefüllten Hohlraum. Sie fuhren zu der Zeit einen Wasserlösungsstollen für die Breitunger Kupferbergwerke auf. Das Wasser stammte aus dem Bauerngraben. Die Arbeiten am Stollen mussten nach fünf Jahren Bemühungen, des Wassers Herr zu werden, schließlich eingestellt werden. Es folgte ein fast über ein Vierteljahrhundert andauernder Rechtsstreit zwischen den Breitunger und Wickeröder Bergwerksbetreibern. Erstere wollten den Glasebach unbedingt verlegen, um das Wasser loszuwerden, während Letztere das Aufschlagwasser dringend für die Wasserräder ihres Hüttenbetriebes benötigten. Bloß, wie lässt sich ein solcher Zwist für beide Seiten befriedigend beilegen? In diesem Fall endete der Streit mit der Pleite der Breitunger und dem Ende des dortigen Bergbaus.

Von Stöpseln und Wanderkaisern

Mitte des 20. Jahrhunderts konnten Geologen mithilfe eines Färberversuchs den Weg des Wassers schließlich nachweisen. Aus dem Bauerngraben fließt es ins Nassetal ab und über den nie vollendeten Breitunger Wasserlösungsstollen. Dass dennoch ab und zu ein großer See entsteht, liegt daran, dass die sogenannten Schlucklöcher durch Sedimente verschlossen werden, die der Glasebach mit sich führt. Diese »Stöpsel« werden von Zeit zu Zeit durch das selbe Wasser aber auch wieder gelockert und fortgespült. Grundwasser speist den Bauerngraben ebenfalls. In alten Zeiten hatten die Pfarrer von Breitungen das Recht, hier Ackerbau zu betreiben. Der fruchtbare Boden sorgte dabei für einen guten Ertrag. So wurden die Geistlichen zu den »Bauern im Graben«.

Übrigens: Wer auf dem Weg zum Premium-Abzeichen »Harzer Wanderkaiser« ist, findet am Ufer den Stempel mit der Nummer 213 für seine Sammlung.

TIPP

AGNESDORF

Zur Zeit der Apfelernte lohnt sich ein Abstecher ins benachbarte Agnesdorf. Am sonnigen Südhang gedeihen die Früchte prächtig und können direkt vor Ort gekauft werden. Mehrere Sorten sind im Angebot, auch Birnenliebhaber kommen auf ihre Kosten. Williams Christ und Conference (eine alte englische Sorte) bei den Birnen sowie Jonagold, Gala und Rubinette bei den Apfelsorten werden von der Stammkundschaft des Betriebes besonders geschätzt.

WEITERE INFORMATIONEN

Obstbaubetrieb Agnesdorf
Agnesdorfer Hauptstraße 1
06536 Südharz
Tel. 03 46 51/55 89 99
Mo–Fr 9–17.30, Sa 9–13 Uhr

← Schroffe Felswände und wogende Grasflächen bestimmen die Landschaft des Bauerngrabens, wenn dieser trocken fällt.
↑ Die einzigartige Karstlandschaft ist Lebensraum für eine vielfältige Pflanzen- und Tierwelt.

47

DIETERSDORF

DER WOLF UND DIE LINDE

Leise rauschen die Buchen im Wind. In engen Kurven windet sich die L 234 den Berg hinauf. Ab und zu hört man ein Auto vorbeifahren. Hier zeigt sich der Südharz noch von seiner ruhigen Seite. Wer in der letzten scharfen Linkskurve rechts parkt, stößt etwa 400 Meter weiter südlich auf ein seltenes Mahnmal.

Die Letzte ihrer Art im Unterharz wurde hier im Jahr 1724 erschossen: eine Wölfin, unweit des Forsthauses Schwiederschwende erlegt. Das 800 Meter entfernte Forsthaus verfällt heute, an den Abschuss des Tieres aber erinnert ein beeindruckendes Denkmal. Eingefasst von urigen alten Laubbäumen erinnert es an dunkle Zeiten, in denen Artenschutz noch ein Fremdwort war. Es dient so auch als Mahnung für uns moderne Menschen. Gekrönt wird das Denkmal von der lebensgroßen Skulptur eines Wolfes. Milde blickt das Tier in die Landschaft. Die Darstellung erinnert an Wölfe aus Comics. Steinmetz Thieme aus Lodersleben hat ein freundliches Bildnis des gefürchteten

Raubtiers erschaffen. Leider ist das Gesicht der Wolfsskulptur in der Vergangenheit immer wieder von Vandalen beschädigt worden, sodass man auf eine Restaurierung bewusst verzichtet hat. 100 Jahre nach dem tödlichen Schuss wurde an der Stelle, an der die Wölfin vermutlich erlegt wurde, das Wolfsdenkmal errichtet. Die Inschrift verrät: »Unter der Regierung des Grafen Jost Christian zu Stolberg-Roßla wurde im Monat Januar 1724 der letzte Wolf hier erlegt.« Sein Sockel gibt die Entfernungen zu den nächstgelegenen Ortschaften an: Nach Roßla ist es eine Meile, nach Schwiederschwende eine Viertelstunde, nach Hayn eine Stunde, Dietersdorf ist in einer halben Stunde zu erreichen, Breitenbach und Wolfsberg in einer Dreiviertelstunde. Früher führte hier oben die Straße vorbei. Das Denkmal war zugleich Mahnung und Wegweiser. Heute kehren die Wölfe wieder in die Harzer Wälder zurück. Derzeit sind nach Kenntnis der Forscher noch keine Rudel wieder heimisch geworden, es ist aber wohl nur eine Frage der Zeit, bis neben dem Luchs ein weiterer Jäger zurückkehrt. Wer mehr über die Rückkehr des Wolfes wissen möchte, kann sich in Sonderführungen des Nationalparks Harz darüber informieren.

Entsorgung von Munition

Auf dem Weg nach Dietersdorf passiert man die links auf einer Anhöhe liegende ehemalige Kaserne. Der Komplex wurde in den 1970er-Jahren von der Nationalen Volksarmee NVA errichtet. In der DDR munkelte man, dass hier atomare Waffen gelagert wurden. Einen Beweis dafür gab es jedoch nie. Aktuell betreibt die Firma Muni Berka GmbH hier die Entsorgung von Munition.

Überragt von der Gerichtslinde

Dietersdorf selbst ist ein kleines Dorf, in dem alle Straßen enden. Einst war es der Herrschaft der Grafen von Stolberg unterstellt, fiel aber im Jahr 1719 an die Stolberg-Roßlaer-Linie der Familie. Umgeben von Feldern und Wäldern schmiegt sich die Siedlung fast gemütlich in eine Landschaftsmulde. Kleine Fachwerkhäuser und ruhige Straßen prägen den Ort. Überragt wird diese Idylle von einer 600 Jahre alten Gerichtslinde in der Nähe der Kirche Zum Heiligen Grabe. Das Gotteshaus selbst wurde 1733 erbaut, zu einer Zeit, als der Baum sicher schon eine stattliche Größe erreicht hatte. Die ruhige, hügelige Landschaft rundherum lädt zu Wanderungen durch die wunderschönen Laubwälder ein, die besonders im Herbst mit ihrer Farbenpracht bezaubern.

← Milde lächelnd scheint der Wolf auf dem Denkmal in die Welt zu schauen. Vielleicht hat er schon Artgenossen gesehen, die heute vereinzelt wieder im Harz auftauchen.
↓ Hinter der barocken Kirche von Dietersdorf ragt die uralte Gerichtslinde auf.

TIPP

QUESTENBERG

Nur gut zehn Minuten von Dietersdorf entfernt liegt der kleine Ort Questenberg mitten im Gipskarst. Hohe Felsen umgeben das Dorf. Auf dem Berg finden sich Ruinen einer alten Burganlage. Ihr gegenüber überragt die Queste das Dorf – ein großer Ring, durch den zu Pfingsten die Sonne scheint. Am Pfingstmontag wird das Questenfest gefeiert, bei dem zum Sonnenaufgang der Ring abgenommen und mit frischem Grün geschmückt wird. Dieser Brauch hat seinen Ursprung vermutlich in heidnischen Riten zur Sommersonnenwende. Direkt neben der Kirche St. Mariä Geburt an der Durchgangsstraße steht ein bunter *Roland*. Solche Figuren waren im Mittelalter ein Zeichen für eine eigene Gerichtsbarkeit und Marktrecht. Umso mehr verwundert es, einen solchen im eher unbedeutenden Questenberg zu finden. Direkt neben dem *Roland*, an der Kirchenmauer, deutet jedoch ein historisches Halseisen darauf hin, dass hier Urteile vollstreckt und Menschen angeprangert wurden. 1730 wurde er erstmals schriftlich erwähnt und hat seitdem mehrmals seinen Platz gewechselt. Die benachbarte Kirche ist um einiges älter, der Altarraum stammt von 1250, während das heutige Gebäude erstmals 1495 urkundlich erwähnt wurde.

48

EBERGÖTZEN

NEUES BROT AUS ALTEN ÖFEN

Wilhelm Busch begegnet dem Besucher rund um den Westharz an vielen Stellen: In Ebergötzen steht die Wilhelm-Busch-Mühle. »In der Mühle, die mich seit Kinderzeiten immer freundlich aufgenommen« verbrachte der Humorist von 1841 bis 1845 einen wichtigen Teil seiner Kindheit.

Gemeinsam mit dem gleichaltrigen Müllersohn Erich machte Wilhelm als Neunjähriger das kleine Dorf unsicher. Auf diesen Erlebnissen der Kindheit gründete die lebenslange Freundschaft der beiden. Noch heute funktioniert in dem großen Fachwerkgebäude die Technik der alten Wassermühle und kann bei einer Führung bestaunt werden. Zwei Jungs, eine Mühle. Da war doch was? Genau. Die Erlebnisse mit Erich Bachmann inspirierten Wilhelm Busch zu den *Max und Moritz*-Geschichten. Schneider, Witwe, Lehrer: war alles da in Ebergötzen, und die beiden Lausbuben aus den gezeichneten Geschichten haben unverkennbar Ähnlichkeit mit Wilhelm und Erich. In der Mühle werden allerdings keine Bösewichter mehr zerkleinert. Wie in alten Zeiten dreht sich das

Mühlrad und mahlt rumpelnd Korn zu Mehl. Wer mag, kann hier sogar heiraten. Das hat Tradition, denn Busch-Freund Bachmann war der erste Standesbeamte im Ort. Die Freundschaft aus Kindertagen sollte ein Leben lang halten. So schrieb Busch im Februar 1904 aus Mechtshausen seinem Freund in Ebergötzen: »Lieber Erich, hoffentlich hast du die Besichtigungen an Kaisers Geburtstage glücklich überstanden. Meinerseits würde ich ja dergleichen Gedrängel eher ängstlich vermieden haben, aber verschieden sind die Neigungen der Menschenkinder.«

Vom Korn zum Brot

Nur einen Steinwurf entfernt wird aus Mehl Brot. Das Europäische Brotmuseum zeigt alles Wissenswerte über den Weg vom Korn zum Brot. Das barocke ehemalige Forstamt Radolfshausen widmet sich der 8000-jährigen Geschichte des wichtigsten Grundnahrungsmittels. Vom Anbau des Getreides über Mühlentechnik bis zum Backen und dem fertigen Produkt: Hier wird Geschichte lebendig und schmackhaft serviert. Eine Bockwindmühle findet sich ebenso wie eine Wassermühle, die ursprünglich im Gerlostal in Tirol stand. Eine einfache kleine Mühle, wie sie wahrscheinlich schon die Römer nutzten. Mit offenem Feuer kann hier gebacken werden wie bei den Römern. Ein Römerofen ist nicht nur Ausstellungsstück, sondern wird regelmäßig befeuert. Heraus kommt duftendes Kommissbrot, wie es schon die römischen Legionäre schätzten. Solche Backaktionen sind Teil von Sonderführungen. Wer es gerne noch älter haben möchte und ganz altes Brot neu erleben will, dem steht ein Steinzeitbackofen aus der Zeit von vor 7000 Jahren zur Verfügung. In diesem Lehmkuppelbackofen entsteht Geschichte zum Aufessen. Das Original dieses Ofens wurde im Göttinger Ortsteil Grone 1997 von Archäologen freigelegt. Der römische Backofen hat ebenfalls lokale Vorbilder. In Hedemünden konnten solche Öfen in einem 2000 Jahre alten dortigen Römerlager nachgewiesen werden.

Blick in den Getreidegarten

Über die Jahrtausende entwickelten die Menschen Getreidesorten und Backtechniken immer weiter und verbesserten viele Details. Dies wird auch beim Ursprung des Brotes, dem Getreide, sichtbar. 15 Sorten wachsen im Getreidegarten. Hier erfährt man, dass sie von Wildgräsern abstammen. Zu entdecken sind vor allem alte Arten wie Einkorn und Emmer. Ein weiterer Garten beherbergt Kräuter und Heilpflanzen. 76 Arten werden hier kultiviert.

TIPP

DIE RHUMEQUELLE

Zwischen Ebergötzen und Herzberg am Harz sprudelt es im Wald. In Rhumspringe strömen jede Sekunde Tausende Liter Wasser aus einer Karstquelle. Im Schnitt ergießen sich 2500 Liter pro Sekunde in das Flüsschen Rhume. Die Wassermassen können bis auf 6000 Liter in der Sekunde ansteigen. Würde man das Wasser auffangen, könnte man jeden Tag eine Kette von Eisenbahn-Kesselwaggons füllen, die von Rhumspringe bis Hamburg reicht. Die Karstquelle, eine der ergiebigsten in Deutschland, zieht seit Urzeiten Menschen in ihren Bann. Um diese Orte fanden früher kultische Handlungen statt. Taucher fanden bei archäologischen Untersuchungen am Grund des Quelltopfes Tongefäße und Steingeräte aus der Zeit der Bandkeramik von vor 7000 Jahren. Dabei tauchte auch eine Schiffsglocke aus der ersten Hälfte des 20. Jahrhunderts auf. Der eingravierte Name des Schiffes: *Titanic*.

← In dieser Mühle ersannen Wilhelm Busch und sein Freund Erich, der Sohn des Müllers, manche Streiche und wurden so zum Vorbild von Max und Moritz.
↑ Eine Bockwindmühle gehört zu den vielfältigen Exponaten des Europäischen Brotmuseums.

Ein beeindruckendes Zeugnis aus dem Mittelalter und ein beliebtes Ausflugsziel ist die Burgruine Plesse nördlich von Göttingen.

49

ELLRICH

DUNKLE GESCHICHTE IN ZWEI BUNDESLÄNDERN

Direkt an der Grenze zwischen Niedersachsen und Thüringen liegt der knapp 6000 Einwohner zählende Ort Ellrich – die nördlichste Stadt des Freistaates Thüringen. Zu DDR-Zeiten wurden hier Hochzeitskleider und hochwertige Damenmode produziert.

Im VEB ELDAMO-Bekleidungswerk in Ellrich wurden 95 Prozent aller in der DDR verkauften Brautkleider hergestellt. Unweit des Ortes befand sich einer der wenigen Grenzübergänge zwischen den beiden deutschen Staaten. Schwer gesichert bestand er bis zum Ende der DDR. Bis auf wenige Ausnahmen passierten hier nur Güterzüge den Grenzzaun. Erst seit Mitte November 1989 konnte auch der Personenverkehr wieder über die Gleise rollen.

Gegen Ende des Zweiten Weltkrieges gab es unweit des Bahnhofs ein Außenlager des Konzentrationslagers Mittelbau-Dora. Im Außenlager Ellrich-Juliushütte waren Häftlinge aus verschiedenen europäischen Ländern interniert. Das Lagergelände lag beiderseits der späteren innerdeutschen Grenze. Viele der historischen Gebäude sind in den Jahren der Teilung abgerissen worden. Bis zu 8000 Gefangene waren in dem überbelegten Areal untergebracht. Es war ein Sammellager für Kranke und Geschwächte aus anderen zum Nordhäuser Komplex Dora gehörenden Lagern. Insgesamt durchliefen 12 000 Menschen das Lager. 4000 verstarben in diesem einen Jahr des Bestehens. Im Winter 1944/45 nahm ein Krematorium die Arbeit auf, um die große Zahl der Toten zu bewältigen. Mehr als 1000 Leichen wurden dort und auf Scheiterhaufen verbrannt. Massengräber fanden sich bis in die jüngste Zeit. Hier befindet sich auch der größte französische Friedhof außerhalb Frankreichs. Die Gefangenen schufteten sich auf umliegenden Baustellen buchstäblich zu Tode. Bei 13 Stunden Schichtlänge wurden ihnen nur fünf Stunden Schlaf zugestanden. Nicht für alle gab es Kleider, etliche mussten nackt in ihren Schlafgelegenheiten bleiben. Neben dem KZ-Außenlager Ellrich-Juliushütte gab es ein zweites KZ-Außenlager im Ort: Ellrich-Bürgergarten. Im Festsaal der ehemaligen Gaststätte Bürgergarten wurden am 17. Mai 1944 300 Häftlinge untergebracht.

Ein trauriges Kapitel Harzer Geschichte

Nach dem Zweiten Weltkrieg interessierte man sich in Ost und West wenig für dieses Kapitel Harzer Geschichte. Im Osten wurden viele KZ-Gebäude wegen des Baus der Grenzanlagen abgebrochen, im Westen verfielen die Überreste. Rainer Barzel, damals Minister für gesamtdeutsche Fragen, entschied 1963, dass der »Schandfleck Juliushütte« beseitigt werden sollte. Erst 1989 entstand nach und nach eine Gedenkstätte. Beginnend mit einem Gedenkstein am Platz des 1964 gesprengten Krematoriums wurden seitdem die dunkle Geschichte und ihre noch vorhandenen steinernen Zeugen ans Licht gebracht. 2019 führte die Entdeckung von Massengräbern und die Erforschung durch Archäologen zur weiteren dringend notwendigen Aufarbeitung der grauenvollen Geschichte dieses Ortes. Im Mémorial des Martyrs de la Déportation (ein Denkmal für die Märtyrer der Deportation) auf der Île de la Cité in Paris wird das Lager in einer Aufzählung als eines der wichtigsten Lager neben den KZ Auschwitz, Bergen-Belsen und Buchenwald aufgeführt.

TIPP

KZ ELLRICH-JULIUSHÜTTE
Das Gelände des Lagers ist heute frei zugänglich. Um zum historischen Ort zu gelangen, muss man über ein Betriebsgelände gehen. Parken ist vor Ort nicht möglich. Direkt am Bahnübergang an der Gipsstraße gibt es einen befestigten Platz, auf dem man sein Auto abstellen kann, um zu Fuß weiterzugehen. Führungen sind auf Anfrage möglich über die Stiftung Gedenkstätten Buchenwald und Mittelbau-Dora.

WEITERE INFORMATIONEN

Daten und Fotos zum KZ Ellrich-Juliushütte
www.aussenlager.dora.de/l/de/detail/16

Anfragen für Führungen auf dem KZ Gelände
www.buchenwald.de

← Wenige Mauerreste, wie hier der Keller des Küchenblocks, erinnern an einen der dunkelsten Orte im Harz.
↑ Die Toten des Lagers sind unvergessen. In den letzten Jahren wurde die Erinnerung an sie neu geweckt.

50

SANGERHAUSEN

ELEFANTÖSE ENTDECKUNGEN

Hohe Halden rund um Sangerhausen verraten, dass die Menschen hier früher erfolgreich unterirdische Schätze geborgen haben. Der Ort hat eine lange Siedlungsgeschichte. Erstmals erwähnt wird er in einem Urkundenbuch des Klosters Fulda, das zwischen 780 und 802 erstellt wurde.

Zwischen 1004 und 1027 erhielt »Sangerhus« Marktrecht und 1194 Stadtrecht. Seit dem Mittelalter war der Silber- und Kupferbergbau ein wichtiger Wirtschaftszweig in der Region. Es gab sogar eine eigene Münze, in der Groschengeld geprägt wurde. In der Münzstätte, die 1391 auf Initiative des Landgrafs Balthasar von Thüringen errichtet wurde, wurden die sogenannten meißnischen Groschen geschlagen – die einzigen Münzen, die damals nicht aus der Landesmünzanstalt Freiberg kamen. Als Balthasar 1406 starb, bedeutete sein Dahinscheiden auch das

Aus für die landgräfliche Münze. Im Zweiten Weltkrieg wurde Sangerhausen teils zerstört. 1945 war vor allem der Hauptbahnhof das Ziel US-amerikanischer Bomberverbände. Überlebt hat der mittelalterliche Stadtkern. Eine Hauptsehenswürdigkeit verbirgt sich jedoch unweit des heutigen Bahnhofsgebäudes. Etwas versteckt zwischen hohen schattigen Bäumen liegt das Spengler-Museum. Sein Hauptexponat ist das gewaltige Skelett eines Mammuts. Vor 500 000 Jahren streiften diese gewaltigen Tiere durch das Gebiet des Südharzes. Erst vor 7000 Jahren siedelten sich hier Menschen an und bewirtschafteten die fruchtbaren Böden. In Edersleben, einem kleinen Ort gut acht Kilometer südlich von Sangerhausen, fand der Heimatforscher Gustav Adolf Spengler 1931 die Knochen der ausgestorbenen Gattung. Zwei Jahre dauerte die Bergung der Funde. Am 12 September 1930 legte Spengler in sechs Metern Tiefe den ersten Oberschenkelknochen frei. Wenige Wochen später folgten Becken, Unterschenkel und linker Oberschenkel. Er konservierte die Funde mit Schellack und stellte sie aus. In den beiden Folgejahren kamen weitere Teile dazu. Es ist das einzige komplett erhaltene Skelett eines Steppenmammuts in Deutschland. Spengler setzte die Knochen zusammen und präsentierte das Skelett in Teilen in seinem Privatmuseum. Er nützte dazu große Mengen an Gips, Holz, Holzwolle und Metall, um die mürbe Knochensubstanz zu stabilisieren und ausstellungsfähig zu machen.

Museumsbau für Urzeitriesen

1952 zog das Skelett an seinen heutigen Platz um und wurde im neuen Mammutsaal erstmalig komplett aufgebaut. Man präparierte es mit Cellulosenitrat-Lack neu. Der Museumsbau wurde damals eigens für das Urzeittier errichtet und war der erste neue Museumsneubau der DDR. Viel ungeeignete Materialien der damaligen Präparationen schädigten die Knochensubstanz. Die Knochen wurden rissig und brüchig. Erst 2004 konnten die wertvollen Fundstücke durch eine Neupräparierung gesichert werden. Das Exponat wurde abgebaut und von Verschmutzungen und Imprägnierungen gereinigt. Noch anhaftende Sedimente vom Fundort wurden ebenso entfernt wie Ergänzungen aus Gips. Jetzt sind die Relikte mit Polyvinylbutyral gesichert, einer alterungsbeständigen Substanz mit Tiefenwirkung. Die Gipsergänzungen wurden durch Abgüsse aus Epoxydharz ersetzt. Dieses Material ist leichter und verändert sich auch bei Temperaturschwankungen nicht. Nach der Restaurierung wurde auch die Körperhaltung angepasst und die Ergänzungen farblich abgesetzt.

← Seitdem das Mammutskelett restauriert wurde, steht es wieder im Mittelpunkt der Ausstellung im Spengler-Museum.
↓ Direkt neben dem Bahnhof findet sich der Museumsbau unter alten Bäumen.

TIPP

EUROPA-ROSARIUM SANGERHAUSEN
Nahezu überirdisch ist der Duft Tausender Rosen, die im Frühling und Sommer die Besucher des Europa-Rosariums Sangerhausen in ihren Bann ziehen. 8700 Rosenarten und -sorten wachsen hier an 80 000 Rosenstöcken. Besucher können das weitläufige Gelände allein durchwandern, aber auch an fachkundigen Führungen teilnehmen und so mehr über die weltweit bedeutendste und größte Rosensammlung erfahren, die hier auf 13 Hektar Fläche gehegt und gepflegt wird. Die Hauptblütezeit liegt zwischen Mai und Oktober. Bereits 1903 gegründet, hat das Rosarium eine lange Geschichte. Einige der Rosen werden nur noch in Sangerhausen kultiviert und als Raritäten erhalten. Ideal ist ein Besuch im Juni und Juli, der Hauptblütezeit vieler Sorten. Im Juni bezaubert das Rosenfest die Besucher mit einem bunten Programm aus Musik und Kultur.

51

WALLHAUSEN

OTTONISCHE SCHULE

Mitten im fruchtbaren Tal der Goldenen Aue zwischen Harz und Kyffhäuser liegt das schmucke Dorf Wallhausen. Wenn man durch die Straßen schlendert, fallen an vielen Häusern Schilder auf, die den Namen des jeweiligen Gebäudes tragen. Häuser haben in Wallhausen nicht nur Nummern, sondern Namen.

Wenn man nicht die Autobahn 38 nimmt, kommen noch heute alle Reisenden durch Wallhausen. Bereits im hohen Mittelalter lag der Ort an der alten Heer- und Poststraße südlich des Harzes, die Nordhausen mit Sangerhausen verband. Quasi als Raststation und Herrschaftsort gab es hier eine Königspfalz. Der ostfränkische Herrscher Heinrich I. heiratete hier 909 seine Mathilde, die diesen Ort zum lebenslangen Nießbrauch erhielt. 912 wurde hier vermutlich ihr Sohn Otto I. geboren, der 962 römisch-deutscher Kaiser wurde. Zur Zeit der Ottonen war Wallhausen einer der bedeutendsten Herrschaftsorte der sächsischen Könige und Kaiser. Auch Friedrich Barbarossa weilte 1139 hier zu einem Hoftag. Mit ihm endete das Reisekönigtum, und die Herrscher wurden allmählich sesshaft.

Vom Ortsrand blickt man auf das Kyffhäuser-Denkmal, das an ihn und seine Vorgänger erinnert.

Von Schlachtbeilen und Turteltäubchen

Die Tradition der Häusernamen geht auf das Jahr 1670 zurück. Damals verfügte der Amtmann Christianus Amhoff, dass jedes der 158 Häuser ein Schildzeichen führen müsse. Das Pfarrhaus erhielt den Namen »Die heilige Dreyvaltigkeit«. Es gab »Die liebe Justiz«, »Die Kindbetterin«, »Das Schlachtebeil«, »Die Turtel Täublein« und viele andere mehr. Noch heute lohnt sich ein Spaziergang durch den Ort auf der Suche nach den Häusernamen von einst. Das älteste noch erhaltene Gebäude, der Schieferhof, stammt von 1540. 15 Jahre zuvor, während des Bauernkriegs, wurde Martin Luther vom Freiherrn von der Asseburg nach Wallhausen gerufen, wo er in der Kirche St. Peter und Paul eine leidenschaftliche Predigt gegen die »falschen Propheten« hielt. Gemeint waren damit zweifellos der radikale Theologe Thomas Müntzer und seine Anhänger.

Schloss mit Mehrzweckfunktion

Die Lage der alten Königspfalz ist nicht mehr bekannt. Es kann sogar sein, dass das heutige Schloss Wallhausen an ihrer Stelle steht. Vom heutigen Bau sind nur noch wenige Teile mittelalterlicher Architektur erhalten, darunter ein spätgotisches zweischiffiges Gewölbe im Untergeschoss des Westflügels. Hier im Keller fand zeitweise der Schulsportunterricht statt, bis hinter dem Schloss eine Sporthalle errichtet wurde. Zu DDR-Zeiten diente Schloss Wallhausen als Schulgebäude. Der heutige Renaissancebau wurde zwischen 1603 und 1613 errichtet und nach Zerstörungen im Dreißigjährigen Krieg durch diverse An- und Umbauten ergänzt und verändert. Im Nordwesten wird die Anlage von einem Turm mit barocker Haube überragt. Bis 1945 war das Anwesen im Besitz der Nachkommen des Grafen von Bocholtz-Asseburg, an den es 1803 gefallen war. Dann wurde es durch eine Bodenreform enteignet und als »Eigentum des Volkes« geführt. 1950 wurde hier die Schule eingerichtet. Die Schüler robbten im ZV (Zivile Verteidigung)-Unterricht durch den Kartoffelkeller und mussten Gasmasken basteln. Zu besonderen Anlässen gab es Fahnenappelle im Schlosshof. 2005 wechselten erneut Besitzer und Nutzungszweck. Ein Schweizer Investor erwarb das Schloss und richtete ein Hotel und Restaurant ein, sodass heute jeder an diesem historischen Ort edel nächtigen und exquisit speisen kann.

TIPP

KYFFHÄUSER

Unweit von Wallhausen erhebt sich der Höhenzug Kyffhäuser. Während das dortige Kyffhäuser-Denkmal jedes Jahr Tausende Besucher anzieht, sind die umliegenden Wälder gerade während der Woche ein recht ruhiges, aber lohnenswertes Wanderziel. Man kann dazu am Parkplatz am Denkmal starten, geht auf der Ostseite in Richtung Denkmal, aber biegt vor der Anhöhe ab. Hier gibt es die Ruinen der Unterburg zu erforschen. Auch westlich des trubeligen Denkmals führen etliche lohnende Wege über den Höhenzug und bieten teils großartige Ausblicke über das Tal der Goldenen Aue hinüber zum Harz. Anschließend empfiehlt sich ein Abstecher nach Kelbra. Dort bietet das Eiseck (Jochstr. 1, tgl. nachmittags) eine kleine, aber feine Auswahl an Eisspezialitäten an.

WEITERE INFORMATIONEN

Schlosshotel
Schloss 1
06528 Wallhausen
www.schlosswallhausen.de
Café & Restaurant: Di–Fr 17–21, Sa 10–22, So 10–14 Uhr

← Der Kaiser und seine Gemahlin stehen als hölzerne Statuen mitten im Dorf.
↑ Wenige begangene Pfade am Kyffhäuser schaffen Durchblicke in Ruinen und Wald gleichermaßen.

52

SEEBURGER SEE

DAS EICHSFELDER AUGE

Mitten im Eichsfelder Becken blickt der Seeburger See als »Auge des Eichsfelds« in die Welt. Zwischen Herzberg und Göttingen liegt bei Bernshausen und Seeburg die größte Wasserfläche Südniedersachsens. Wo heute im Sommer das kühle Nass zum Baden und Bootfahren einlädt, ereignete sich bei seiner Entstehung eine Naturkatastrophe.

An dieser Stelle tat sich vor 10 000 Jahren ein Erdfall auf, der in der Folge voll Wasser lief. Ein unterirdischer Hohlraum war eingebrochen. Unterhalb der Fläche lag ein Steinsalzlager, das durch Grundwasserströme ausgelaugt worden war. Schriftlich erwähnt wurde der Seeburger See erstmals im Jahr 1312, zu der Zeit wurde er noch als Westersee oder Luttersee bezeichnet. Die Lithographie eines Paares aus dem 19. Jahrhundert zeigt, dass schon damals Menschen gerne romantisch in Booten über das Gewässer fuhren. Heute lädt ein Naturschwimmbad Gäste ein.

Eine große Rasenfläche bieten genug Platz als Liegefläche für Sonnenhungrige, Strandkörbe sorgen für Schatten, wenn es im Sommer zu heiß werden sollte.

Reiche Flora und Fauna

Seit 1976 stehen Teilbereiche der Uferzone und der Wasserfläche unter Naturschutz. Die Gegend ist Heimat vieler, teils seltener Pflanzen- und Tierarten. Unterstützt wird der Erhalt ihres Lebensraumes seit 1988 durch das Renaturierungsprojekt Seeanger. Seitdem wurden die Bemühungen verstärkt, den See vor Verlandung zu schützen und die umliegenden Feuchtgebiete zu erhalten. 255 Vogelarten sind mittlerweile wieder über das ganze Jahr hier anzutreffen. Als Brut- oder Rastvögel finden sie in der Gegend einen idealen Lebensraum mit reichlich Nahrung. Teichrohrsänger, Krickente und Wasserralle sind nur einige der vielen Vogelarten, die man mit Glück und ein wenig Geduld von den Wanderwegen aus sehen kann. Wer einen richtig guten Tag erwischt, kann sogar den Fischadler bei der Jagd beobachten. Weißstörche sind hier ebenso wie Silberreiher und Graureiher heimisch. Über die Natur und ihren Schutz informieren Schautafeln entlang der barrierefreien Wanderwege. In einem Infozentrum am Bootsverleih gibt es zu diesen Themen mehr zu erfahren. Dort gibt ein Unterwasserfenster Einblicke in die faszinierende Welt unter der Wasseroberfläche.

Sanfter Tourismus

Außerhalb des Naturschutzgebietes sorgt gesteuerter sanfter Tourismus für eine Lenkung der Besucherströme und ein gutes Nebeneinander von Mensch und Natur. Nicht nur Badegäste zieht es an den See, er ist auch ein ideales Revier für Bootsfahrer und Segler. Sogar für Rollstuhlfahrer gibt es spezielle Paraboote beim lokalen Bootsverleih. Mit diesen Amphibienfahrzeugen kann man sich nicht nur im Wasser, sondern auch an Land bewegen, um den Einstieg zu erleichtern. Rund ums Jahr lohnt der Besuch von verschiedenen Veranstaltungen: Vom Neujahrsschwimmen für die ganz Hartgesottenen bis zum Eichsfelder Silvesterlauf ist der See Mittelpunkt verschiedenster Kultur- und Sportevents. Wer nach all diesen Aktivitäten hungrig ist, findet im »Wellenreiter« direkt am Ufer alles für das leibliche Wohl. Eine eigene Meisterkonditorei sorgt für feine Torten und Kuchen. Hier werden aber nicht nur Menschen, sondern auch Pferde versorgt. Gäste, die ihre Vierbeiner mit in den Urlaub nehmen möchten, finden eine Pferdepension mit allen Annehmlichkeiten für Tier und Mensch vor.

← Mitten in der grünen Ebene des Eichsfeldes ist der Seeburger See eine Oase für Natur, Freizeitsport und Erholung.
↓ Beim Bootsverleih können neben normalen Tretbooten auch spezielle Wassergefährte für Rollstuhlfahrer ausgeliehen werden.

TIPP

PAPSTKREUZ AUF DEM EUZENBERG

Hoch hinaus geht es in Nesselröden. Auf dem Euzenberg steht ein über 26 Meter hohes Kreuz mit einer kleinen Aussichtsplattform. Bei dem dreifachen Doppelkreuz handelt es sich um ein sogenanntes Papstkreuz. Seine drei Kreuzarme symbolisieren die drei päpstlichen Gewalten: Priester-, Hirten- und Lehrgewalt. 1926 ließ der Berliner Schneidermeister Bernward Leinenweber das Bauwerk aus Liebe zu seinem Heimatort Nesselröden errichten. Von hier schweift der Blick über das ganze Eichsfeld mit seinen 40 Orten sowie den Seeburger See und den Harz. Das Kreuz ist ein Symbol für den starken Katholizismus im Eichsfeld. Umgeben von lauter Protestanten hat sich der Glaube selbst in der DDR so stark behauptet, dass vom »Katholischen Gallien in der DDR« gesprochen wird. Nach der Reformation und den Bauernkriegen brachten die Jesuiten in der Gegenreformation den Katholizismus in diese Region zurück, den die oft als stur bezeichneten Eichsfelder bis heute beibehalten haben und in Wallfahrten und Prozessionen leben und feierlich zelebrieren.

Der Herbst hält Einzug im Selketal, das zu Recht als eines der romantischsten Flusstäler im Harz bezeichnet wird.

REGISTER

IMPRESSUM

Verantwortlich: Carola Holzer
Lektorat/Projektmanagement: Rosemarie Elsner
Satz: BUCHFLINK Rüdiger Wagner, Nördlingen
Korrektorat: Christiane Gsänger
Repro: LUDWIG:media
Herstellung: Bettina Schippel
Printed in Turkey by Elma Basim

★ ★ ★ ★ ★

Sind Sie mit diesem Titel zufrieden? Dann würden wir uns über Ihre Weiterempfehlung freuen.
Erzählen Sie es im Freundeskreis, berichten Sie Ihrem Buchhändler, oder bewerten Sie bei Onlinekauf. Und wenn Sie Kritik, Korrekturen, Aktualisierungen haben, freuen wir uns über Ihre Nachricht an Bruckmann Verlag, Postfach 40 02 09, D-80702 München oder per E-Mail an lektorat@verlagshaus.de.

Unser komplettes Programm finden Sie unter

www.bruckmann.de

In diesem Buch wird aus Gründen der besseren Lesbarkeit das generische Maskulinum verwendet. Weibliche und anderweitige Geschlechteridentitäten werden dabei ausdrücklich mitgemeint, soweit es für die Aussage erforderlich ist.

Bildnachweis: Alle Bilder im Innenteil stammen von Stefan Sobotta, außer
Shutterstock: (Blan-k) S. 11
lookphotos: Foto Herzig S. 42
Karl Johaentges: S. 129

Umschlagvorderseite:
Schloss Wernigerode am Abend (mauritius images / Patrice von Collani)

Umschlagrückseite:
Oben, von links nach rechts:
Im und am Uhrenmuseum Gernrode dreht sich alles um die Zeitmessung. Am Giebel befindet sich die größte Kuckucksuhr außerhalb des Schwarzwaldes und das größte Wetterhaus der Welt mit fast zehn Metern Höhe.
Anna Katharina Buchholz, »Mistress of Destilling« der Hercynian Distilling Co.
Der Quedlinburger Höllenhof diente in den vergangenen Jahrhunderten unter anderem einer Bruderschaft, dem Stadtvogt, Stadtschreibern und -kämmerern als Wohnstatt.
Unten: In einer an Superlativen ohnehin nicht armen Region wie dem Harz nimmt die Rappbodetalsperre einen Spitzenplatz ein.

Die Deutsche Nationalbibliothek verzeichnet diese Publikation in der Deutschen Nationalbibliografie; detaillierte bibliografische Daten sind im Internet über http://dnb.d-nb.de abrufbar.

Infanteriestraße 11 a, 80797 München
ISBN: 978-3-7343-2642-4

DANKSAGUNG

Mein Dank gilt **Dr. Friedhart Knolle** für Inspiration, Anregung und Korrekturen sowie **Michael Grube** (www.geschichtsspuren.de) für Hintergründiges aus der »Welt der Spione«.

DER AUTOR

Stefan Sobotta ist als Multimediajournalist, Buchautor und Fotograf in der ganzen Welt unterwegs, doch seine Heimat ist der Harz. Mit einem außergewöhnlichen Blick für das Besondere setzt er Landschaft, Menschen und Locations in Szene. Stimmungsvoll und berührend macht er Lust auf das Originalerlebnis.